Retrouver
la source intérieure

Tous droits réservés

© Les Éditions de l'Atelier/Les Éditions Ouvrières, Paris 2001

Imprimé en France   *Printed in France*

ISBN 2-7082-3588-5

Bernard Ugeux

Retrouver
la source intérieure

Les Editions Ouvrières
12 avenue Sœur Rosalie
75013 Paris

Remerciements

Je désire exprimer ma reconnaissance, tout d'abord, à tous ceux qui ont participé, durant une ou plusieurs années, à l'atelier sur l'intériorité, de la « pastorale des recommençants à croire » de l'archidiocèse de Toulouse. Leur fidélité à nos rencontres, leur réceptivité et leurs encouragements m'ont aidé à poursuivre et à approfondir la recherche qui a donné naissance à cette proposition. J'y associe Catherine Charlemagne pour la confiance qu'elle m'a témoignée en m'invitant à donner cet atelier.

Ma gratitude s'adresse aussi et surtout à Marie-Claude Ernst ainsi qu'à Michel et Ghislaine Dixneuf qui ont enregistré, transcrit et mis en forme les enseignements oraux qui ont servi de base à cet ouvrage. Ils s'y sont investis à la suite de chaque séance, tout en assumant le travail d'organisation et d'accueil de l'atelier. Leurs conseils, leur amitié et leur présence m'ont incité à publier ce que je ne considérais que comme un chantier en pleine construction. Ils m'ont particulièrement soutenu aux moments les plus cruciaux de notre aventure.

Enfin, si je me suis intéressé à une démarche spirituelle de ce genre, il y a une trentaine d'années, c'est à la suite de sessions que j'ai suivies avec Alphonse et Rachel Goettmann, alors que j'étais étudiant en théologie. Ils m'ont initié à la prière du corps, à la tradition hésychaste et m'ont permis de découvrir l'oeuvre de Karl Graf Dürckheim. Je leur en suis profondément reconnaissant, avec beaucoup d'autres. Dans cet ouvrage, je me suis permis de puiser largement et librement dans leur livre *L'au-delà au fond de nous-mêmes.*

*« L'eau qui jaillit de la source remplit la fontaine ;
celle qui jaillit du coeur, et que l'Esprit,
pour ainsi dire, agite sans cesse,
remplit l'homme intérieur tout entier de la rosée divine et de l'Esprit,
tandis qu'elle rend de feu l'homme extérieur.* »*

* Calliste II, *Sur la prière*, (trad. J. Gouillard, in *Petite Philocalie de la prière du coeur*, Paris, Le Seuil, 1979, p. 219.

Introduction

De nos jours, de nombreuses personnes sont soucieuses de développer leur vie intérieure. Elles se mettent en quête de maîtres, de lieux, de sources où désaltérer leur soif de sens, leur désir de réponses. Dans leur recherche, elles se sentent particulièrement attirées par des propositions spirituelles qui intègrent toute la personne : corps, affectivité, esprit. Elles sont convaincues qu'une démarche spirituelle a des répercussions sur l'état physique et affectif, et inversement. Cette conviction s'est imposée à elles à la suite des enseignements de la psychosomatique et, surtout, des éclairages que leur apportent les pratiques thérapeutiques et spirituelles de grandes traditions provenant de l'Extrême-Orient. Elles se réfèrent au yoga, au zazen (pratique bouddhiste de l'assise méditative), aux exercices physiques de concentration d'origine chinoise, etc. Certaines en ont reçu un réel bien-être sur les plans physique, émotionnel et parfois spirituel. En effet, aujourd'hui, on associe de plus en plus quête spirituelle et épanouissement personnel. Cette conception holistique (intégrale) de la vie intérieure gagne peu à peu tous les milieux, y compris chez les chrétiens.

Certains parmi ceux-ci s'interrogent : y a-t-il une incompatibilité entre un travail sur soi, sur le mental, les émotions, le corps, et une vie spirituelle chrétienne ? Faut-il rejeter toutes les traditions non chrétiennes afin d'éviter toute « contamination » (à cause du risque de syncrétisme[1]) ? Est-il fatalement dangereux de s'engager dans des pratiques qui pourraient impliquer une vision du monde et du divin différente de celle du christianisme, tel qu'il est vécu en Occident ? Est-il possible d'intégrer dans le christianisme les bienfaits de certains apports des grandes traditions mystiques orientales sans pour autant porter atteinte à sa spécificité ? L'Église serait-elle opposée à l'épanouissement physique et psychologique au nom de l'ascèse et du combat contre les « passions »[2] ?

Certaines personnes ont découvert un tel épanouissement physique, affectif et spirituel dans la rencontre avec d'autres traditions qu'elles ne peuvent accepter l'idée que tout doive être rejeté *a priori* au nom de la pureté de l'identité chrétienne. Un chemin de sainteté ne serait-il pas aussi un chemin d'humanisation ? L'Occident n'a-t-il rien à apprendre de l'Orient ?

Ces questions ne sont pas récentes et des réponses constructives ont été apportées depuis longtemps par des religieux chrétiens comme les pères Thomas Merton, Enomiya-Lassale ou Bede Griffith[3]. En outre, dans de nombreuses traditions spirituelles chrétiennes, souvent anciennes, il existe un enseignement et des pratiques qui intègrent le corps et l'affectivité. Elles sont peu connues, elles n'ont pas été beaucoup pratiquées durant les derniers siècles, mais, depuis quelque temps, on les redécouvre et on les rapproche des traditions d'Orient. Certes, il faut veiller à éviter la confusion et à ne pas perdre la spécificité de la démarche chrétienne ; il est nécessaire de pratiquer un discernement critique, réaliste et bienveillant. Il existe cependant bien des « nouveaux chemins » – parfois très anciens – à redécouvrir et à mettre en valeur aujourd'hui.

J'ai désiré proposer une réponse à cette nouvelle quête, partant de la demande tant de « recommençants à croire » que de chrétiens convaincus, engagés sur un chemin spirituel qui mobilise toutes les dimensions de leur personne. Ceux qu'on appelle « recommençants » sont des personnes qui ont été chrétiennes dans le passé et qui, pour diverses raisons, parfois douloureuses, ont pris leurs distances vis-à-vis de l'Église. Durant cette période de retrait, nombre d'entre elles se sont mises en route, à des moments importants de leur vie, en quête d'un chemin d'intériorité. À cause de cet éloignement vis-à-vis de l'Église, certaines se sont tournées vers des propositions de méditation ou de travail sur soi provenant d'Orient ou du Nouvel-Âge. Les unes en ont retiré beaucoup de bienfaits, à différents niveaux, d'autres ont été menacées de récupération sectaire ou ont risqué de sombrer dans le narcissisme. Toujours est-il qu'un jour elles ont décidé de revenir vers le christianisme. Cela ne signifie pas nécessairement qu'elles soient prêtes à se rattacher à une Église et à devenir des pratiquants réguliers, dans le sens traditionnel du mot. Leurs itinéraires, leurs découvertes durant leur parcours parfois sinueux, les poussent à adresser des questions nouvelles à l'Église, au moment où la soif d'un retour aux sources grandit en elles[4].

Leur exigence représente une chance pour les communautés chrétiennes, car elle est une invitation à imaginer et à proposer des nouveaux langages pour la foi et des démarches renouvelées de vie spirituelle. Les propositions qui leur sont adressées doivent prendre en compte l'intégralité de la personne. Elles renvoient au dogme chrétien de l'incarnation, qui dit que Dieu, dans le Christ, a pris entièrement les natures divine et humaine.

Depuis une trentaine d'années, j'associe, dans ma propre pratique, un travail de connaissance personnelle avec un souci d'intégration de l'affectivité et du corps dans une démarche spirituelle. C'est donc avec joie, mais non sans une certaine crainte, que j'ai répondu à l'invitation de la pastorale diocésaine des recommençants de créer un atelier d'initiation à la vie intérieure, à partir du corps et de la vie affective. Pour ce faire, j'ai puisé dans mes connaissances et ma pratique de la méditation d'Extrême-Orient, associée à la spiritualité orthodoxe (la prière du cœur) et à la tradition ignatienne (de saint Ignace de Loyola). J'ai proposé ainsi un itinéraire d'introduction à la vie intérieure intitulé : « Sur un chemin d'intériorité, libérer la source ». Il a été donné trois ans de suite. Tout au long de l'année scolaire, toutes les trois semaines, nous avons eu une rencontre d'une heure avec une vingtaine de personnes, diverses par l'âge, l'origine sociale et le mode d'appartenance à la tradition chrétienne. À chaque séance, j'ai proposé des enseignements, des exercices pratiques et des réponses à quelques questions. De temps en temps, nous avons poursuivi la rencontre autour d'un repas convivial qui permettait d'approfondir quelques questions ainsi que... l'amitié qui n'a pas tardé à naître entre les participants, bien que l'essentiel de la démarche ait été vécu dans un profond silence...

L'itinéraire proposé, repris par ce livre, se déroule en trois étapes. Nous commençons par un travail sur le corps et le souffle qui vise à nous introduire dans une attitude de recueillement et d'écoute intérieure. Cette première phase permet l'apaisement du corps, du mental et de l'affectivité, afin d'être présent à soi-même et à l'instant. Nous apprenons ensuite à prendre une posture de prière qui favorise l'immobilité, la conscience du corps, la détente, la concentration, le déploiement du souffle... Cette étape puise dans les pratiques de différentes traditions en provenance d'Extrême-Orient et d'origine chrétienne. Elle ouvre déjà à la spiritualité chrétienne par la prise de conscience que, dans les profondeurs de notre intériorité, nous sommes habités par Quelqu'un. De même, le souffle qui nous anime peut être vécu comme celui du Créateur qui respire en l'homme par son Esprit. Cette étape n'implique cependant pas une adhésion à la foi chrétienne. La deuxième phase introduit à la récitation du nom de Jésus, sur la respiration, en référence à la tradition hésychaste[5], illustrée par les récits du Pèlerin russe. Ici, nous découvrons que la pratique de la répétition de mots et de sons – les *mantras* de l'hindouisme – n'est pas inconnue dans le christianisme. Cependant la tradition orthodoxe, puisant dans la conception biblique du Nom de Dieu, introduit à une vision de la récitation pétrie de la présence de l'Esprit Saint. Quant à la troisième étape, s'inspirant de la méditation ignatienne, elle associe l'affectivité et la spiritualité dans un discernement des (é)motions à l'écoute de la Parole de Dieu. En étant attentifs à la résonance affective des événements relus dans la foi et en pratiquant la méditation chrétienne d'une Parole, il est possible de discerner la justesse de notre relation à Dieu et d'en tirer des conclusions pour notre vie quotidienne.

Le contenu de cet ouvrage offre le résultat de cette expérience à un large public. On y trouve des enseignements, des exercices pratiques et quelques réponses à des questions. Le lecteur ne pourra en tirer profit qu'en tenant compte des conditions dans lesquelles l'expérience a été vécue. L'itinéraire proposé s'est déroulé sur neuf mois. Chaque enseignement était suivi d'exercices pratiques réalisés et corrigés sur place, en groupe, puis repris individuellement chez soi, plus ou moins régulièrement. Ces exercices sont simples, ils ne demandent pas de souplesse particulière ni d'entraînement. On peut les pratiquer sur une chaise comme sur un tabouret de prière, quels que soient l'âge ou l'état de santé. La seule exigence est celle de la régularité dans la pratique : au moins dix minutes cinq fois par semaine est une bonne mesure pour commencer...

Comme l'enseignement a été donné de manière progressive, celui qui lirait ce livre d'un trait, sans essayer de pratiquer les exercices, en tirerait sans doute moins de profit. Par ailleurs, le texte présenté ici est la transcription de l'enregistrement des exposés, partiellement remanié en vue de la lecture. Comme il s'agit d'une initiation progressive, on ne s'étonnera pas des quelques répétitions qui apparaîtront d'un chapitre à l'autre. Ces reprises sont volontaires, elles visent à rappeler des points importants tout en apportant chaque fois des nuances complémentaires. Cette initiation s'adresse à des personnes qui s'engagent progressivement sur un chemin de « recommencement ». J'ai donc évité toute érudition et n'ai pas visé à l'exhaustivité. Cette expérience encore nouvelle se poursuit ; cet ouvrage n'en présente qu'un premier stade. D'avance, j'exprime ma gratitude pour toute suggestion susceptible d'en améliorer les contenus théorique ou pratique. Ce livre propose un partage d'expérience plutôt qu'un enseignement *ex cathedra*.

Cette publication est destinée à des personnes en recherche spirituelle, ouverte à la tradition chrétienne comme à d'autres traditions, ainsi qu'à des débutants sur un chemin de méditation. Elle a le souci de rencontrer avec respect la quête contemporaine dans les termes où elle s'exprime, en reconnaissant les appels et les richesses qu'elle offre à toute personne engagée sur un chemin d'intériorité. Le corps, l'affectivité et la vie dans l'Esprit y sont associés à une attention à la croissance spirituelle et humaine.

Enfin, pourquoi le titre : *Retrouver la source intérieure* ? Il est le fruit d'une découverte qui s'est imposée à moi tant à travers mon propre cheminement que dans les rencontres que j'ai pu vivre avec des personnes engagées sur un chemin spirituel, sur quatre continents. L'être humain est infiniment plus que le corps, l'affectivité et la raison. Il y a dans ses profondeurs une source de vie qui murmure et ne demande qu'à être libérée. La quête spirituelle qui traverse l'humanité depuis que l'homme existe montre qu'il est sans cesse traversé par des questions radicales sur le sens de la vie, de l'amour, de la mort. Celles-ci le poussent à chercher des réponses dans de nombreuses directions. De nos jours, certains s'engagent dans une démarche spirituelle où ils pensent que c'est en neutralisant les influences de l'affectivité et du corps qu'ils progresseront. Quant à moi, je crois que toutes ces dimensions doivent être associées, parce qu'un chemin spirituel vise aussi à humaniser la personne.

Ensuite, parler de source *intérieure*, c'est reconnaître que la réponse est autant au-dedans de nous qu'au-delà. Cela ne signifie pas que la quête spirituelle se réduit à un travail d'introspection, mais qu'il existe au coeur même de l'être humain, une aspiration à la transcendance qui est d'origine divine. Entrer dans ses profondeurs, c'est aussi rencontrer le divin. Je parlerai plus loin du « coeur profond ». Évoquer une source, c'est en appeler à la vie, à la fécondité, au mystère, c'est inviter à la découverte.

Enfin, je parle de *libérer* la source dans deux sens. Il est possible que nous ayons un jour découvert cette source, que nous nous y soyons même abreuvés, mais que les épreuves de la vie aient fini par l'obstruer. Peut-être aussi que le miroitement d'autres lieux nous ont fourvoyés loin d'elle. Ou bien, il est possible que nous n'ayons jamais découvert qu'il y avait dans nos profondeurs une réalité intérieure infiniment riche et mystérieuse. Or, elle fait partie de notre identité la plus authentique, à laquelle nous n'avons pas toujours appris à nous désaltérer. Si cette expérience et cet ouvrage peuvent être l'occasion pour certains de redécouvrir leur source intérieure, je ne pourrai que me réjouir de les avoir invités à ce pèlerinage à leur source, tout à la joie de découvertes insoupçonnées qui les révéleront à eux-mêmes et les ouvriront à la fraternité humaine.

Notes

1. Syncrétisme : combinaison de plusieurs systèmes religieux qui ne respecte pas toutes leurs spécificités.

2. Quant on parle des passions, dans la vie spirituelle, on fait surtout allusion au débordement des appétits qui est un obstacle à la liberté intérieure. Pour l'approfondissement des questions d'ordre théologique, je renvoie à mon livre : *Guérir à tout prix ?*, Paris, Éd. de l'Atelier, coll. Questions ouvertes, 2000.

3. Dans les collections « essais, sagesse du corps », aux éditions du Cerf, on trouve *Mystique et zen* de Thomas Merton ; *Méditation zen et prière chrétienne* et *La méditation comme voie vers l'expérience vers Dieu* de Enomiya-Lassalle, ainsi que d'autres auteurs qui seront cités dans la suite du livre. Bede Griffith a succédé à J. Monchanin et H. Le Saux à l'ashram de Satchidânanda, dans le Tamil Nadu, en Inde, où j'ai eu l'occasion de séjourner quelque temps.

4. Cf. Henri Bourgeois, *Redécouvrir la foi, les recommençants*, Paris, DDB, 1992. Henri Bourgeois, Catherine Charlemagne, Marie-Louise Gondal, *Des recommençants prennent la parole*, Paris, DDB, 1996.

5. L'hésychasme sera défini plus loin.

Chapitre I

VIVRE AU NIVEAU
DE NOS PROFONDEURS

Qu'est-ce que la vie intérieure ? Nous sommes tous traversés par des sentiments, des pensées, des perceptions, des sensations qui résonnent plus ou moins fort en nous. Certains parmi nous sont très conscients de ces mouvements qui les habitent, et capables de les identifier. Pour d'autres, c'est moins facile, mais personne ne vit pour autant dans un état d'indifférence ou d'insensibilité totales. Par ailleurs, il n'est pas nécessaire de croire en Dieu, ou d'appartenir à une religion, pour avoir une vie intérieure. Elle fait partie de la grandeur de l'être humain. Parfois source de souffrance, car cette disposition crée en lui des angoisses, c'est aussi sa richesse. Elle l'aide à assumer plus consciemment ce qu'il vit. Cette présence à soi, à des questions essentielles, est liée au besoin qu'à l'homme de donner du sens à son histoire : qui sommes-nous, où allons-nous, pourquoi le mal, pourquoi l'amour, qu'est ce que la mort, pourquoi nos fragilités, pourquoi suis-je la personne que je suis aujourd'hui ? Ces interrogations nous sont familières. Nous allons essayer de les considérer, non pas de façon intellectuelle, mais en essayant d'être à l'écoute de ce qui va vivre et s'exprimer en nous à l'occasion des enseignements et des exercices pratiques qui vont suivre.

S'arrêter pour regarder

Souvent, nous fuyons certaines questions, surtout quand nous ne trouvons pas de réponses satisfaisantes ou qu'elles sont trop douloureuses pour être considérées en face. Mais il peut arriver qu'un jour nous ressentions le besoin de nous arrêter. Ce peut être à l'occasion d'une épreuve, d'une rencontre importante, d'une sorte d'illumination intérieure, ou d'une expérience esthétique. À cette occasion, nous rentrons en nous-mêmes, nous rejoignons des zones plus profondes. Ici, je n'entre pas dans des théories psychologiques et je ne parle pas d'une psychanalyse. Je veux dire que nous faisons alors mémoire de certains événements, de certains sentiments, de certaines rencontres qui ont laissé des traces en nous et, à cette lumière, nous devenons plus présents à l'instant qui passe. Certains pourraient penser que l'intériorité est uniquement une question d'introspection, ou une forme de fuite du monde, de la responsabilité, que c'est morbide. Ce n'est pas notre vision ici. S'ouvrir à la vie intérieure, c'est procéder à un retrait dans les profondeurs du coeur, leur devenir plus présent, découvrir ce qui fait sens ou ce qui appelle du sens en nous.

Tout cela n'est pas forcément une démarche religieuse dans le sens qu'elle s'inscrirait dans une tradition religieuse, s'exprimerait par certaines formes de prières, d'appartenance, de rituels, de croyances, propres à une religion. Cela peut être, en partie, une ouverture psychologique à une plus grande conscience de soi, à un ressenti, ou bien un chemin de sagesse, une prise de distance, une entrée dans une plus grande sérénité, grâce à cette distance toujours plus juste. En réalité, déjà dans tout cela, il y a une forme d'intériorité qui se vit. Ce n'est pas qu'une quête philosophique... **Je dirais que la dimension spirituelle proprement dite se révèle quand nous commençons à comprendre qu'au plus profond de nous murmure une source.** D'autres traditions parleront d'une flamme, d'une énergie. On se réfère à un au-delà ou à un ultime... On est toujours en quête de mots pour exprimer ces réalités-là. Cette source se situe dans les profondeurs de notre coeur.

Nous découvrons que ce que nous vivons, ce que nous ressentons, ne vient pas seulement de nous, de notre sur-moi ou de notre inconscient, que ce n'est pas simplement la voix de la conscience morale, que ce n'est pas le pur fruit de notre imagination. Nous commençons à nous sentir reliés à un au-delà, ou à un en deçà, à une profondeur...

Dans la tradition hindouiste, parmi les textes saints, il y a les *Upanishads*[1], l'une d'entre elles, *Chandogya Upanishad*, dit :

> « Dans le centre du château de *Brahman*, qu'est notre corps, il y a un petit sanctuaire en forme de fleur de lotus et dedans on peut trouver un petit espace ; nous devrions chercher qui y demeure et désirer le connaître. »

Elle ajoute à ce sujet que dans ce petit espace est aussi contenu tout l'univers. Parce que dans le vrai Soi se trouve l'univers, pour la tradition hindouiste. L'*Atman*, c'est la partie du *Brahman* qui est dans la personne, dans l'être humain. *Brahman* est ce qui pénètre toute la réalité du monde et du cosmos et qui a une signification divine. Les Pères de l'Église sont parmi les premiers écrivains et théologiens chrétiens et parmi eux, saint Ignace d'Antioche, juste avant son martyre, a dit : « Il n'y a plus en moi de feu pour aimer la matière, mais une eau vive qui murmure "Viens vers le Père". » La dimension spirituelle est présente lorsque nous commençons à identifier une source et à la relier à une réalité ultime.

Dans la vie, il peut arriver un moment où nous avons l'impression d'être sur un chemin, face à un croisement, où il faut choisir entre le divertissement, c'est-à-dire une tentative de ne plus penser, ne plus ressentir, d'oublier, de fuir le passé, de se lancer dans une fuite en avant, ou bien la décision de poser de nouveaux choix. Je ne porte pas de jugement sur ceux qui sont dans le divertissement, car ils n'ont peut-être pas la possibilité de se comporter autrement pour le moment. Mais il existe une autre attitude, qui consiste à s'arrêter et à reconnaître la réalité : « Oui, je suis douloureux ou je suis en recherche, en questionnement. Il est important que j'essaie de comprendre ce qui se passe en moi. »

Si vous avez ouvert ce livre, c'est peut-être parce que vous vous dites : « Il faut que j'aille voir où est ma source, mais j'ai besoin que quelqu'un me tienne la main. » Peut-être parce que vous pressentez que c'est un chemin qu'on ne peut parcourir seul. Vous craignez que ce que vous allez découvrir soit difficile à regarder, à intégrer ou à interpréter et vous ne voudriez pas vous perdre. Ainsi, je partage ce bout de chemin avec vous, non pas comme celui qui sait tout, qui a tout compris, comme celui qui détiendrait la vérité, mais comme quelqu'un qui est aussi en route. J'ai peut-être une longueur d'avance dans certains domaines où j'ai pu apprendre auprès d'autres personnes, ou à cause de mon propre chemin spirituel, ou de mon itinéraire humain. Nous le verrons, tout est profondément relié. À partir de là, je vais essayer de vous accompagner sur le sentier vers la source, vous proposant quelques pistes, quelques outils... Je suggère que chacun accueille ce qu'il voudra ou pourra entendre et recevoir pour le moment.

Nous allons essayer de vivre à un plus grand degré de profondeur. Il existe certes d'autres démarches possibles que celle que je vous propose ici. Je n'ai pas la prétention de croire que c'est la seule façon – ni la meilleure – d'aborder la vie intérieure. Mais je pense que c'est une démarche féconde, parce qu'elle tient compte du fait que nous sommes des êtres corporels et affectifs, qui ont une intense activité psychique et intellectuelle, et qui ont aussi une précieuse et riche capacité spirituelle. Toutes ces dimensions, nous les avons en nous, et elles sont en interaction continuelle. Nous avons entendu parler de la psychosomatique : une forte émotion s'enregistre dans la mémoire du corps. Qu'elle soit ou non exprimée, elle demeure vivace dans nos profondeurs silencieuses et elle pourra ressortir un jour autrement. Nous serons aidés à prendre conscience de notre richesse intérieure, grâce à un travail sur le corps à travers lequel nous pourrons prendre conscience de la vie de notre esprit, de ce que les mouvements intérieurs nous disent de nous-mêmes. Nous découvrirons qu'il y a un degré de profondeur en nous où se situe une réalité qui est à la fois infiniment intime, et infiniment au-delà de tout ce que nous pouvons en exprimer. Dans la tradition chrétienne, on dit que Dieu est à la fois immanent et transcendant[2], plus intime à nous-même que nous-même et en même temps le Tout Autre. Nous retrouverons cela aussi dans la tradition juive et dans l'islam (le soufisme). Pour d'autres traditions, comme celles d'Extrême-Orient, le divin est surtout immanent à la nature et aux personnes. Selon les traditions, l'expérience spirituelle prend des sens différents.

Pour nous Occidentaux, cette démarche de prise de conscience de la pluralité des niveaux de notre personne est importante parce que nous avons surtout appris à réfléchir, à analyser – peut-être encore plus pour un esprit français – à décomposer les problèmes complexes en éléments simples pour ensuite les reconstruire en les articulant. Nous savons poser des problématiques en lien avec des concepts, parfois au risque de perdre le contact avec notre ressenti, nos sensations quotidiennes. Souligner les limites d'une approche trop rationnelle de la réalité n'implique pas que notre démarche d'intériorité dénie la place de l'intelligence. Elle aussi participe à l'expérience spirituelle. On peut d'ailleurs parler d'une intelligence du coeur... Nous allons essayer de comprendre, de relire, de nous approprier consciemment ce que nous recevrons sur un chemin d'intériorité, dans notre vie spirituelle. Il est important de rester critique, mais sans vouloir tout réduire au pur rationnel, au matériel, au quantifiable. La société occidentale est marquée par une approche matérialiste où tout se mesure avec des instruments qui ont certes favorisé le progrès des sciences et des techniques. Quant à la relation au corps, nous sommes plutôt handicapés, en comparaison avec certaines traditions africaines, par exemple, où l'enfant est massé dès la naissance. Souvent, il est porté sur le dos de sa mère jusqu'à l'âge de deux ans, vivant fortement un contact corporel, affectif, olfactif... Son rapport au corps est donc bien différent du nôtre. Il suffit de voir certains Africains marcher pour se rendre compte qu'ils habitent leur corps autrement que nous. Il en est de même pour les Asiatiques.

Peut-être avons-nous à vivre une sorte de rééducation. Nous allons d'abord essayer de retrouver la respiration primordiale, de reprendre contact avec notre corps, nos sensations, avec notre affectivité, ou, tout au moins, à mieux les identifier, pour en découvrir la signification spirituelle. Une telle démarche nous parle de nous et peut nous éclairer sur notre source intérieure, sur un ailleurs, pour certains, une Présence. Ce n'est pas sans raison que le chemin proposé s'appelle : « *Retrouver la source intérieure* ». Il existe en nous une source de vie que nous ignorons souvent, à la suite d'une éducation trop rationnelle, ou de certaines souffrances de la vie, des difficultés rencontrées qui nous ont durcis, ou simplement d'un rejet que nous avons pu subir dans notre milieu familial par rapport à ce qui relève du religieux ou du spirituel. Notre source s'est obstruée, ou bien elle n'a jamais été découverte, libérée. Nous en ignorons l'existence ou nous ne la percevons plus. Quelle aridité, parfois, notre vie ! Un texte très ancien de la Bible dit : « Ils ont abandonné la source d'eau vive pour se creuser des citernes qui ne tiennent pas l'eau[3]. » Je crois qu'il y a beaucoup de citernes lézardées autour de nous, nombre de gens qui se dessèchent, cherchant des sources souvent ailleurs que là où la vraie source peut se découvrir, c'est-à-dire particulièrement dans nos profondeurs.

Aimer, c'est être habité

Sur ce chemin de redécouverte de la source, nous allons pouvoir vivre différentes expériences en relation avec une démarche que l'on rencontre dans la plupart des grandes traditions spirituelles.

Parmi les personnes qui sont en recherche, certaines sont attirées par le bouddhisme. Si elles ont fait des expériences de méditation zen, ou tibétaine, elles ont appris à s'ouvrir à l'expérience de la vacuité. La vacuité n'est pas le vide mais elle est liée à une prise de distance – la distance juste – par rapport aux sentiments, par rapport à l'*ego*. Pour les bouddhistes, il existe un chemin de libération pour les humains qui souffrent de l'illusion de croire que les choses existent de façon permanente et correspondent à ce que nous en apercevons spontanément. Cette confusion entraîne toujours des frustrations liées à l'insatisfaction d'un désir qui renaît sans cesse, aiguillonné par l'illusion. Pour l'hindouiste, il n'y a pas à opposer le corps et l'esprit, le créateur et sa créature, mais en réalité tout est à la fois un et multiple, tout est en même temps simple et complexe. C'est ce qu'on appelle l'*Advaïta*, la non-dualité. Le tout n'est pas seulement complexe, il est aussi en interaction. Pour les hindous, la dualité, ou le dualisme si répandu en Occident, provient de l'ignorance de la complexité du réel, qui pousse à distinguer en opposant ce qui n'est pas totalement dissociable. Quant au taoïsme, vous connaissez sans doute le symbole que l'on trouve un peu partout ces temps-ci : dans un cercle, un point blanc dans un haricot noir, un point noir dans un haricot blanc, qui indiquent le mouvement de la vie du *Yin* et du *Yang*[4]. On veut signifier ainsi que tout n'est jamais complètement blanc ou noir, mais qu'il existe un mouvement perpétuel qui est de l'ordre de l'énergie. Par conséquent, prendre conscience de ce qui se vit en nous sur le plan spirituel, psychologique et physique, c'est aussi ré-harmoniser cette complexité.

Pour la tradition judéo-chrétienne (on rencontre cela aussi dans l'islam, particulièrement dans la tradition du soufisme), quand nous pénétrons les profondeurs de notre être, nous ne trouvons ni la vacuité ni la non-dualité, ni une harmonie d'énergie, mais nous pouvons expérimenter une Présence. Sans doute avez-vous fait vous-même l'expérience de cette façon de comprendre l'amour : *aimer, c'est être habité*. Nous pouvons vivre cette expérience dans l'amitié, dans l'aventure amoureuse, dans l'amour entre parents et enfants. Si aimer, c'est être habité, quand nous descendons dans nos profondeurs, il est normal que nous découvrions une forme de présence. Cette Présence, vous pourrez apprendre à la nommer. Je vous proposerai une démarche pour la reconnaître, mais vous aurez votre façon personnelle de la nommer. Vous l'avez peut-être déjà pressentie, parce que vous êtes là chacun, chacune, avec tout un chemin derrière vous. J'ai bien conscience que certaines enseignements que je vais vous donner pourront paraître banals aux uns, mais seront nouveaux pour d'autres. Dans la démarche que je vous propose ici, nous n'allons pas chercher à fusionner avec le cosmos ni centrer notre travail sur l'harmonisation des énergies, dans une attitude où nous risquerions de perdre notre identité. Nous savons que pour certaines traditions orientales, au bout d'un temps de pratique, l'*ego* est censé avoir disparu. Le mot *ego* peut alors prendre un sens péjoratif. C'est pour cela que je préfère parler du moi profond, de la personne dans son authenticité et sa simplicité, plutôt que de l'*ego*. Alors que l'*ego* est égoïste et souvent égocentrique, ce qui est proposé ici c'est de *garder notre identité, dans un chemin à la fois de désappropriation et de relation, où un « Je » peut rencontrer un « Tu », et ainsi vivre l'expérience d'un « Nous », sans qu'aucun des deux n'absorbe l'autre.*

En pratique, pour prendre conscience des différents niveaux de notre personne, nous pouvons commencer par quelques exercices de conscience de soi.

EXERCICE PRATIQUE

➢ Les sensations corporelles

Le but de cet exercice est de prendre conscience du corps de façon non pas conceptuelle mais par la sensation. Grâce à cette prise de conscience, le lien entre les trois niveaux : corps, mental, affectif se révèlera progressivement ainsi que leur importance pour la vie spirituelle. La détente et la présence à soi qu'engendre la pratique régulière de ce type d'exercice sont des préparations à une concentration, une unification de la conscience, favorables à la vie intérieure et à l'ouverture spirituelle.

Ce genre d'exercice est requis chaque fois que l'on prend la posture de méditation ou que l'on désire être présent à ce que l'on vit. Elle favorise aussi un détachement du mental et une respiration profonde. Quand on la pratique régulièrement, et c'est réalisable à tout moment, une nouvelle perception de soi-même et de la réalité s'impose à la conscience qui s'intériorise et devient plus vigilante et plus réceptive.

« Prenez une posture confortable et reposante. Fermez les yeux. Je vais vous demander [...] de prendre conscience de certaines sensations que vous éprouvez en ce moment-ci dans votre corps, mais dont vous n'êtes pas explicitement conscients. Notez que vos vêtements touchent vos épaules. Maintenant, notez qu'ils touchent votre dos ou que votre dos touche le dossier de chaise où vous êtes assis...

Remarquez la sensation de vos mains qui se touchent l'une l'autre ou reposent sur vos genoux... Prenez conscience de la pression exercée sur votre chaise par vos cuisses ou vos fesses... de vos pieds touchant vos chaussures... Prenez expressément conscience de votre posture assise... Une fois de plus : vos épaules... votre dos... votre main droite, votre main gauche, vos cuisses, vos pieds, votre posture assise. De nouveau : épaules, dos, main droite, main gauche... cuisse droite, cuisse gauche... pied droit... pied gauche... posture assise... Reprenez cela maintenant par vous-mêmes, en passant d'une partie du corps à l'autre. Ne vous attardez pas plus que deux secondes sur chaque partie : les épaules, le dos, les cuisses, etc. Continuez à passer de l'une à l'autre...

Vous pouvez vous arrêter sur les parties du corps que j'ai indiquées ou sur d'autres parties, à votre gré : votre tête, votre cou, vos bras, votre poitrine, votre estomac... L'essentiel, c'est que vous sentiez chaque partie, pendant une seconde ou deux, pour passer ensuite à une autre partie du corps.

[On refait l'exercice plusieurs fois de suite.]

Au bout de cinq minutes, je vous demanderai d'ouvrir les yeux doucement et de mettre fin à l'exercice.

Cet exercice simple donne à la plupart des gens une sensation immédiate de détente. [...] La tension nerveuse est un des plus grands ennemis de la prière. Cet exercice vous aidera à la surmonter. La formule en est simple : vous vous détendez lorsque vous revenez à vos sens, lorsque vous devenez aussi conscients que possible de vos sensations corporelles, des bruits autour de vous, de votre respiration, du goût de quelque chose dans votre bouche [...].

Il est possible que certains – très peu nombreux – retirent de cet exercice non pas un sentiment de détente et de paix, mais une tension plus grande. Si cela vous arrive, passez à la prise de conscience de votre tension. Remarquez quelle partie de votre corps est tendue et quelle sensation précise vous donne cette tension.

Devenez conscients du fait que vous devenez tendus et observez bien comment vous y parvenez.

Quand je dis *observer*, je ne me réfère pas à la réflexion, mais au sentiment et à la sensation. Je ne saurais trop rappeler que, dans notre exercice, il s'agit de sentir, non de penser. Il existe des gens qui, lorsqu'on leur demande de sentir leurs bras, leurs jambes ou leurs mains, ne les *sentent* pas vraiment ; ils produisent une image mentale de leurs membres. *Ils savent* où ces membres se situent et ils prennent conscience de cette connaissance, mais ils ne *sentent* pas ces membres eux-mêmes. Alors que les autres sentent une jambe ou une main, eux ils ne sentent qu'un vide. Ils n'ont qu'une image mentale [...][5]. »

Notes

1. Les *Upanishads* sont des traités spirituels qui ont été composés en Inde entre 800 et 400 avant J.-C. *The Upanishads*, Translated and selected by J. Mascaro, Penguin Books, India, 1965, p. 120 (je traduis).

2. Quand on dit que Dieu est *immanent* on met l'accent sur sa présence en toute réalité ou dans les profondeurs de l'homme. Croire en un Dieu *transcendant* c'est insister sur le fait qu'il est infiniment au-delà de ce que l'homme peut en connaître ou en dire. Cela ne signifie cependant pas qu'il est totalement inaccessible. Dans la tradition chrétienne, on n'oppose pas les deux approches, elles sont complémentaires. Dieu est à la fois celui qui est profondément intime à l'être humain, puisqu'il y établit sa demeure, et infiniment au-delà de tout, le Tout Autre, en tant que créateur et maître de la vie.

3. Prophète Jérémie 2, 13.

4. Le Yin (principe actif) et le Yang (principe passif) : ce sont les deux polarités du Tao qui est une tradition philosophico-religieuse chinoise. Le mot Tao signifie chemin ou ordre cosmique. Il désigne aussi la conduite droite qui vise à maintenir l'équilibre entre ces deux pôles entre lesquels circule l'énergie.

5. Anthony de Mello, *Sadhana, Un chemin vers Dieu*, Paris, DDB-Bellarmin, 1983, p. 14-21.

Chapitre II

DEVENIR PRÉSENT À TOUT NOTRE ÊTRE

Que propose cet itinéraire vers la source que nous allons parcourir ensemble ? Nous sommes invités à prendre conscience de nos profondeurs, à partir du niveau physique, en passant par l'affectif et le mental, pour arriver jusqu'au spirituel, parce que l'homme est corps, âme et esprit. Nous pourrons alors nous situer au niveau du coeur profond[1], dans une autre forme de relation, de présence, à soi-même, aux autres, au cosmos et – pour ceux qui vont jusque-là – à une Transcendance, à un Absolu, à un Tout Autre. Le divin n'est accessible pour nous qu'à travers notre réalité quotidienne. Dieu, si nous le comprenons comme une personne, ne peut s'adresser à nous qu'à travers notre réalité physique, psychologique, spirituelle, notre personnalité, notre biographie, notre passé. Notre identité est aussi le produit de notre histoire singulière, de notre héritage et de nos relations.

Nous ne pouvons être présents au divin sans être présents à nous-mêmes, de même que nous ne pouvons être vraiment présents à l'autre que si nous vivons cette forme de présence à soi. Qu'est-ce qui permet la relation ? Au départ, même si l'intelligence est concernée, il y a surtout les affects, ce que nous ressentons, nos sentiments. Or si nous ne sommes pas en contact avec ce qui bouge en nous, par la conscience que nous avons de notre affectivité[2], comment pouvons-nous exister dans une rencontre avec l'autre ? N'est-ce pas d'ailleurs l'un des grands défis de la relation amoureuse que d'être conscient de ses sentiments, d'être capable de les identifier, de les exprimer, de les partager et de se rejoindre à cette profondeur, tout en restant autonome ? Il nous faut exister comme personne pour pouvoir rencontrer l'autre dans son altérité, mais exister à quelle profondeur ?

Soigner la qualité de notre présence à nous-mêmes

Les premières étapes de notre parcours visent à nous aider à être plus présents à nous-mêmes, afin de mieux vivre la présence à l'autre, aux autres, au tout Autre éventuellement, à notre Dieu. C'est donc de la qualité de notre présence et de notre conscience de soi, certes jamais totale, dont dépendra la vérité de notre relation à l'autre (et ceci n'implique pas de passer par des thérapies particulières).

Je vous invite à mieux exister pour mieux aimer. Pour cela, il est important que nous nous mettions dans un état de réceptivité, d'écoute, d'accueil, d'ouverture. Nous allons d'abord travailler sur le corps, sur le souffle, prendre conscience de l'énergie en nous. Nous n'allons cependant pas viser à l'ouverture des *chakras*[3] en vue d'entrer en harmonie avec le cosmos, même si nous tenons compte de la dimension cosmique de notre humanité et de la vie spirituelle. En effet, nous irons aussi puiser dans certaines sagesses orientales, dans des traditions qui ont particulièrement bien étudié les dimensions corporelles, énergétiques et cosmiques de l'être humain. Que celui-ci possède un potentiel énergétique n'est certes pas inconnu des Occidentaux, mais cette réalité est tombée en désuétude depuis l'émergence de la médecine moderne. Plus nous sommes en contact avec les profondeurs de notre être et conscients de l'état d'équilibre de notre corps, plus nous sommes en relation avec la nature, avec la création dans laquelle s'inscrit notre être. Sensibilisés à la dimension cosmique de notre réalité de créature, nous serons mieux en contact avec les autres, parfois avec Dieu, si nous avons une conception personnelle de Dieu. En effet, cette dimension fait partie de l'incarnation. Nous ne sommes pas dans une démarche fusionnelle où nous pourrions perdre notre identité, mais nous existons comme des *personnes* capables d'entrer en communion à différents niveaux.

De quels niveaux s'agit-il ? On peut distinguer un niveau corporel, physique (où le cosmos n'est pas absent), un niveau émotionnel ou affectif et un niveau mental. La dimension spirituelle a pour objet de les unifier dans nos profondeurs. Nous allons les identifier et les apprivoiser progressivement à l'aide de la prise de conscience du corps, le contrôle de l'émotivité et la concentration. Ces démarches vont nous conduire à la source, qui est liée à notre coeur profond, à l'unification de notre conscience, à notre être authentique, dont il sera question plus loin.

Sur le chemin qui conduit vers la source intérieure, nous allons ressentir des mouvements à ces différents niveaux. Par exemple : quand nous commençons à prendre conscience de notre corps, il est possible qu'à certains moments nous percevions comme des « noeuds ». Ou bien, pendant que nous essayons d'entrer dans la détente et le silence, nous pourrons ressentir de la peur, ou de la tristesse, ou une angoisse, ou un sentiment négatif qui nous envahit... Cela fait partie de nous, et pour le moment c'est cela qui nous habite. Nous pouvons apprendre à l'apprivoiser, nous apprivoiser nous-mêmes, nous accueillir avec nos sentiments négatifs. Et surtout ne pas nous culpabiliser de ceux-ci, parce qu'un sentiment n'est ni bon ni mauvais. Un sentiment est ce qu'il est, c'est-à-dire un signal qui me parle de moi et de mes profondeurs. C'est pourquoi, sur notre chemin, la dimension affective fait partie du chemin spirituel et est profondément reliée au corps. En entrant dans le ressenti de notre corps et dans l'identification de nos sentiments, nous entrons dans une connaissance de nous-mêmes qui nous permet de nous ouvrir à une connaissance de l'autre qui est peut-être tout proche, ou de l'autre qui est plus loin de moi, et même d'un Autre avec un grand A, qui peut être Dieu qui m'invite.

Dans les premières étapes de notre parcours, nous n'allons pas beaucoup parler explicitement du divin ou de Dieu, mais plutôt du mouvement que nous avons à parcourir intérieurement pour unifier corps, affectivité, mental, esprit. La difficulté est que lorsque nous sommes « dans la tête » (certains disent dans le mental), ou que nous sommes pris dans le corps, par son aspect passionnel, non-intégré, ou douloureux, nous sommes exposés, dispersés. Je disais plus haut qu'il nous faut choisir entre l'intériorité et le divertissement. Nous sommes invités à entrer dans un chemin d'intériorité qui sera un chemin d'intériorisation, donc d'unification. Découvrir qui nous sommes en profondeur et ainsi, jour après jour, nous ouvrir à notre moi profond, à notre vie intérieure. Ce travail sur le corps, sur les sentiments, sur la présence à soi, n'a pas pour but de nous replier sur nous-mêmes, dans un « quiétisme[4] » où nous serions satisfaits de nous sentir bien, mais d'expérimenter une forme de présence à nous-mêmes qui nous permettra d'être mieux en relation. Il est important de ne pas nous installer dans une certaine autosatisfaction solitaire. C'est un risque de la démarche qui est proposée ici. Il nous faudra être vigilants.

Nous découvrirons en effet que, pour finir, le chemin vers la source déborde en fécondité quand celle-ci est libérée, et c'est une fécondité qui passe par l'amour. Ce processus d'unification suppose donc que nous nous ouvrions. J'aime cette image du lotus, la fleur symbolique de l'Inde. C'est une fleur que l'on rencontre dans les marais et au bord des étangs. Par l'ouverture de sa corolle, elle évoque la position de la personne en méditation ou en prière. On parle de « position du lotus » parce que c'est une attitude physique d'ouverture, un mouvement circulaire d'accueil. Ce qui est beau dans le lotus, et que nous pouvons constater aussi dans nos régions avec le nénuphar ou le nymphéa, c'est que sa tige, ses racines, pénètrent dans des eaux obscures. C'est une lumineuse image de la vie spirituelle, parce que nous avons tous dans nos profondeurs des lieux obscurs, nous sommes tous un mélange de lumière et d'ombre. Et nous avons à nous élever vers la lumière, nous déployer dans ce que nous avons de plus beau et nous unifier. Nous avons tous en nous une part de lumineux que nous sommes invités à identifier, à nous réapproprier, à offrir. Donc même si nous avons les pieds dans la boue, même si nous vivons, par rapport à notre histoire, des sentiments négatifs d'échec, de péché, de culpabilité, d'héritage lourd à porter, de handicaps, ne nous laissons pas arrêter... *On ne grandit pas en regardant ses pieds, l'arbre grandit en s'ouvrant vers la lumière.*

Alors prenons avec nous le symbole du lotus sur le chemin que nous allons parcourir vers nos profondeurs. Différentes images peuvent nous parler d'une dilatation de tout notre être, qu'il s'agisse de dégager la source ou de déployer la corolle de la fleur... Nous nous engageons sur un chemin de libération de la vie, de purification de ce qui est obscur en nous et qui étouffe le jaillissement de la source, de ce qui nous empêche de croire que nous pouvons émerger de la tourbe pour faire l'expérience de la lumière, de la plénitude, de la transfiguration. Et cette lumière, elle nous est intérieure et, en même temps, elle nous vient d'un ailleurs, d'un au-delà. Comme disait un mystique chrétien, Grégoire de Nazianze : « Oh! Toi, l'au-delà de tout, n'est-ce pas tout ce que l'on peut chanter de toi ?», en s'adressant à cet Être transcendant. Nous sommes donc invités aujourd'hui à nous déployer dans toutes nos dimensions.

Redécouvrir l'importance du corps

Quant à la position physique dite du lotus, elle est souvent douloureuse à prendre pour des Occidentaux et demande un long entraînement. Que ceux qui en sont capables la prennent. Ici, nous travaillerons plutôt avec un petit banc de prière[5], et nous pourrons prendre une position confortable, qui permet de libérer le diaphragme et de maintenir une position immobile et droite, propice à la concentration. Par un mouvement régulier et profond de la respiration, l'immobilité et la verticalité de la colonne vertébrale, nous pouvons entrer dans une attitude juste, paisible, qui favorise l'intériorité. Cette disposition n'est jamais recherchée pour elle-même. Nous ne visons jamais de performances (par exemple, je suis arrivé à rester immobile tant de minutes, ou j'ai avancé dans un état de transformation psychique ou spirituelle). Nous ne poursuivons pas d'états de modification de conscience. Il existe des groupes qui visent ce type de résultats, souvent en relation avec le développement du potentiel humain. Nous ne voulons pas les juger sur les apparences, mais ils risquent d'identifier mouvement psychique et expérience spirituelle, émotion forte et état mystique. Certes, les deux peuvent être liés, mais ce n'est pas du même ordre et il faut pratiquer ici un discernement subtil qui demande que nous en connaissions les outils[6].

Dans tout exercice pratique, nous pouvons simplement commencer par « nous poser », nous arrêter, être là, pleinement, présent au présent avec tout notre être. Dans notre société, nous n'apprenons pas à rester immobile au contraire, la mobilité est considérée comme une qualité déterminante ! – nous n'avons pas appris à respirer à fond, nous avons souvent peur du silence. Tout cela, nous aurons peut-être à le réapprendre. Nous connaissons ces dictons : « Le bruit ne fait pas de bien, le bien ne fait pas de bruit. » Ou bien : « Un arbre qui s'abat fait plus de bruit qu'une forêt qui pousse. » Nous allons vivre cette expérience, tranquillement, dans nos profondeurs, pas à pas. Si j'insiste sur la respiration – et nous en parlerons souvent – c'est parce qu'à partir de notre respiration, nous pouvons prendre conscience de notre corps, de notre affectivité, et vivre une détente profonde. Cette démarche nous amènera peut-être à prendre conscience aussi d'une présence, d'une réalité spirituelle en nous.

Nous pouvons entrer ainsi dans la conscience de notre corps, de nos sentiments, peut-être aussi du fait que nous sommes animés par quelqu'un qui est au-delà de nous... Notre relation à notre corps deviendra de moins en moins instrumentale. Les Occidentaux ont souvent un rapport avec leur corps perçu essentiellement comme un instrument de production ou de consommation. Pour la Sécurité sociale nous sommes en bonne santé tant que nous sommes capables de produire, de fonctionner. Or, la santé déborde cette perception. Des gens nous disent : « Je suis peut-être capable de travailler mais je suis malade dans ma tête, dans mon cœur, dans mes sentiments, dans mes angoisses, mais, oui, je peux "travailler" ». Notre corps n'est pas simplement un instrument de déplacement, de reproduction, de production, notre corps c'est aussi nous, avec notre histoire, notre mémoire personnelle et familiale, nos blessures. Il participe à notre regard sur la vie, tout ce dont nous avons hérité, y compris les personnes qui nous ont touchés depuis l'enfance. Bref, c'est avec tout notre corps que nous sommes invités à entrer dans une vie intérieure.

Une approche négative du corps par des traditions chrétiennes, comme le jansénisme, a provoqué, et provoque encore, des effets de rejet de la part de nombreuses personnes, croyantes ou non. A une époque, un certain enseignement disait : moins vous êtes en contact avec votre corps, plus vous devenez spirituel. C'était en contradiction avec l'incarnation chrétienne. Le risque est grand, dans ce cas, d'ignorer l'inépuisable richesse de l'affectivité et de la corporéité, et de devenir esclave des passions, des sentiments négatifs, des obscurités mal identifiées qui entravent la vie. Il ne s'agit pas de dorloter notre corps pour en faire uniquement un lieu de plaisir, de compensation, de séduction. Nous sommes invités à découvrir que, dans la mesure où nous sommes présents à nous-mêmes, dans toutes nos dimensions, nous pouvons être plus présents à notre chemin spirituel et à la transcendance.

Entrer dans le silence, dans l'immobilité, prendre conscience du souffle, découvrir qu'il y a plus en nous, c'est ce qui est proposé ici pour commencer. Nous allons nous engager sur un chemin d'intériorité, un chemin de paix et d'unification qui implique un réel travail sur nous-mêmes. Nous pourrons alors découvrir que quand nous sommes présents à nous-mêmes, nous sommes présents au présent, c'est à dire à l'instant qui est, pour le moment, la seule réalité qui dépend de nous. Notre passé est révolu, nous ne pouvons plus le changer. Nous pouvons éventuellement essayer de mieux l'assumer, en réglant certains aspects sur lesquels nous avons encore prise, mais il ne dépend plus directement de nous. Quant à notre avenir, nous pouvons tenter de le prévoir, de l'anticiper – et cela peut être sage – mais pour le moment, ce sur quoi nous pouvons agir, c'est l'instant.

Etre présents à nous-mêmes, c'est être présents au présent, et être présents à nos profondeurs peut être l'occasion d'être présents à une Présence. C'est aussi ce qui va être proposé sur notre chemin ici. En libérant la source dans nos profondeurs, nous pouvons en découvrir l'origine. C'est pourquoi le chemin que nous allons parcourir nous apprendra à être présents à une Présence, qui nous est donnée au présent comme un présent – dans le sens de cadeau.

Si vous voulez, le mot « présence » peut être pour nous un mot clé pour commencer.

> Devenir présent à soi-même,
> Présent au présent,
> Présent à une Présence,
> Présent à un présent qui m'est offert,
> Cela nous aidera sans doute à accueillir les autres aussi comme des présents.

Il n'est pas nécessaire d'être chrétien pour parcourir ce chemin. Nous verrons plus tard quelle est la spécificité de la prière chrétienne et comment celle-ci nomme la source.

EXERCICE PRATIQUE

➢ Pour faciliter la respiration

« [...] Un exercice très simple nous permet de prendre conscience du diaphragme et de lui redonner son activité :

S'allonger sur le dos et mettre, pour contrôler, une main sur le nombril, l'autre sur la poitrine. Imaginer un bouquet de fleurs devant son nez, ou un parfum, et essayer de le renifler par petits coups. Expirer et recommencer en inspirant. La main sur la poitrine doit rester absolument immobile, tandis que l'autre sautille au mouvement du diaphragme. L'exercice n'est réussi qu'à ces conditions.

On peut l'exécuter aussi debout. Il est bon de faire cet exercice pendant quelques minutes tous les jours, jusqu'à ce qu'on l'exécute parfaitement et qu'on ne respire plus par la poitrine seulement.

Une posture de yoga peut aider :

– La feuille pliée : s'asseoir sur les talons, en expirant poser la poitrine sur les cuisses (ou presque), le sommet de la tête par terre, le front contre les genoux. Mettre les bras derrière le dos, une main tenant le poignet de l'autre. Puis respirer profondément pendant quelques temps. Se relever en inspirant [...].

La plupart du temps notre expiration est trop courte, pour toutes les raisons que nous avons dites. Il est bon de l'aider à retrouver toute son ampleur par l'exercice suivant qui en même temps actionne le diaphragme :

Allongé ou debout, une main sur le ventre, l'autre sur la poitrine pour contrôler. Inspirer par le diaphragme en reniflant deux coups espacés d'une petite pause, puis rentrer le ventre si bien que l'air remonte dans la poitrine qui alors se soulève passivement. Et aussitôt expirer très lentement en formant le mieux possible le son Pfff... avec les lèvres. Mieux ce Pfff... est formulé, plus le filet d'air qui s'échappe est mince, l'expiration s'allonge considérablement et devient beaucoup moins rapide. A la fin de l'expiration, donner un coup sec au diaphragme en ajoutant un t (Pfff...t). Recommencer plusieurs fois.

Pour redonner au diaphragme toute sa puissance allongé ou debout, comme pour le précédent exercice, inspirer en reniflant deux coups espacés, puis expirer de même par deux coups très forts comme pour se moucher. Recommencer plusieurs fois. Le choc sur le diaphragme est énorme. Le cerveau est fortement oxygéné. Excellent d'ailleurs contre la fatigue et les migraines.

Tous ces exercices sont à faire sans effort. Ne jamais aller au-delà de sa mesure, et donc s'arrêter au moindre malaise. Il est recommandé aux hypertendus, aux cardiaques et aux personnes ayant des poumons fragiles de demander l'avis de leur médecin pour ces exercices[7]. »

Pour bien comprendre la portée de ces exercices pour un chemin d'intériorité, on peut se référer aux développements du chapitre suivant à propos du souffle.

Notes

1. Le coeur profond sera décrit plus loin. On peut retenir dès maintenant qu'il concerne l'attitude spirituelle de profonde intériorité. Quant au « moi profond » dont il a été question au chapitre 1, il s'agit de notre personnalité profonde, de notre moi authentique, d'un point de vue psychologique et moral.

2. Conscience toujours partielle, car il ne faut pas sous-estimer la part de l'inconscient dans la vie spirituelle !

3. Les *chakras*, au nombre de sept, sont des « centres subtils du corps où se diffusent les courants d'énergie ». C'est au niveau du *chakra* inférieur (coccyx) qu'est lovée l'énergie cosmique vitale, la *kundalini*. Selon l'hindouisme, l'ouverture des *chakras* met l'homme en contact avec l'énergie cosmique. Cf. Bernard Franck, *Lexique du Nouvel-Âge, 100 mots clés*, Paris, Droguet-Ardant, 1993, p. 247.

4. Quiétisme : attitude spirituelle où la personne est dans une telle quiétude qu'elle devient indifférente à toute action et même à son propre salut. Ce terme a pris un sens péjoratif aujourd'hui.

5. Les mesures standard du banc de prière et la façon de l'utiliser sont expliquées au chapitre 3. Ces mesures ne sont données qu'à titre indicatif, chacun ayant à trouver les dimensions qui lui conviennent.

6. Des éléments de discernement seront donnés au fur et à mesure du parcours proposé.

7. Alphonse et Rachel Goettmann, *L'au-delà au fond de nous-mêmes, initiation à la méditation*, Paris, Albin Michel, 1997 (1re éd. Béthanie, 1982).

Chapitre III

LE SILENCE ET LE SOUFFLE

Pour progresser sur un chemin d'intériorité, il est important d'entrer dans une qualité de silence intérieur que favorisent la détente physique (conscience du corps, relaxation) et un apaisement émotionnel liés à une respiration ample et régulière. Celle-ci est bien plus qu'un mouvement physiologique qui a des répercussions sur l'état du psychisme. Elle peut être vécue également comme une démarche spirituelle.

À l'écoute du silence intérieur

L'écoute du silence intérieur permet d'entrer dans un chemin d'unification du corps, du coeur, du mental et puis de l'esprit. Pourquoi s'engager dans cette démarche ? Pour arriver à une réceptivité de plus en plus grande à la totalité et la profondeur de notre être. S'il est question ici de « *Retrouver la source intérieure* » c'est à partir de cette conviction profonde qu'il y a en nous une source de vie, une source d'énergie, une source d'amour qui appartient à notre identité humaine profonde. Il est donc important de prendre conscience de cette source et de se mettre à l'écoute de ce qu'elle murmure en nous. Ce murmure ne s'entend que dans la mesure où nous arrivons à une certaine qualité de silence intérieur où nos sens et notre mental sont apaisés. Il existe une réciprocité entre silence et unification intérieure. Quand je suis unifié, je suis réceptif à mes profondeurs. Quand je me mets à l'écoute du silence intérieur, je m'unifie à tous les niveaux. C'est possible dans la mesure où je pénètre dans une intériorité profonde où corps, coeur et esprit se rencontrent.

Nous allons essayer d'entrer dans un silence intérieur qui est un silence du corps, de l'affectivité et du mental. Nous pouvons commencer par entrer dans une qualité de présence intérieure à notre corps grâce aux premiers exercices de perception du corps que nous avons commencé à pratiquer régulièrement. Sans doute avons-nous perçu à certains moments des signaux (tensions, blocages, crispations) qui renvoyaient à des expériences d'angoisse, d'insécurité de notre corps ou de notre coeur. Nous l'avons peut-être expérimenté : souvent, quand nous nous arrêtons, telle pensée revient régulièrement, de façon presque obsessionnelle, ou bien c'est un sentiment de souffrance, de peur, au niveau du coeur, de nos profondeurs. Cet exercice nous enseigne que notre corps est un puissant révélateur de notre état mental et affectif. Sa condition actuelle agit sur notre paix intérieure. Ces signaux sont précieux car le corps a son langage ; il est important d'apprendre à le décoder progressivement si nous voulons vivre en profondeur. Nous pouvons découvrir comment calmer ces mouvements, les intégrer et entrer dans une qualité de présence à soi et de réceptivité au réel. En entrant dans cette écoute intérieure, petit à petit, nous pouvons devenir conscients de cette Présence dont il a déjà été question. Certains ont commencé à l'expérimenter, d'autres ressentiront plutôt une forme de sérénité, une détente, une unification de la conscience... Que chacun avance à son rythme, à partir de là où il en est aujourd'hui, sans volontarisme et, surtout, *sans se comparer aux autres*. La comparaison est un poison de la vie spirituelle.

Nous sommes invités à être attentifs à ce que nous ressentons, à nos sensations qui, à certains moments, nous bloquent, nous entravent, ou au contraire nous comblent, nous réjouissent et nous dilatent. À certains moments, elles nous distraient, à d'autres, elles nous font prendre conscience que nous sommes indifférents, que rien ne bouge. Cela se révèle quand nous entrons dans le silence de la respiration ou dans la méditation d'un texte. Ces mouvements nous informent sur nous-mêmes, non seulement sur notre état affectif ou intérieur, mais aussi sur la justesse de nos relations. Relations à nous-même, aux autres, au divin. C'est là que se situe le chemin proprement spirituel.

Pour la tradition chrétienne, l'Esprit Saint, qui est l'Esprit de Dieu nous aide à discerner un chemin de croissance. Les mouvements de notre affectivité y jouent un rôle important. La seule façon qu'a Dieu de nous mouvoir, de nous donner des signaux et de nous permettre de vérifier où nous en sommes, c'est d'agir sur notre affectivité. Dans la vie spirituelle, il n'y a rien de pire que l'immobilité, l'indifférence. Ou nous avançons ou nous reculons, mais l'immobilité est déjà un recul. Certes, nous pouvons stagner pendant un temps, nous pouvons régresser, mais l'important est d'être en mouvement, même si ce mouvement est fait de combats. Comme dans toute relation, l'opposé de l'amour n'est pas la haine, mais l'indifférence. Ces mouvements intérieurs peuvent être à certains moments gratifiants : paix, silence, joie, amour, tendresse et à d'autres moments douloureux : inquiétude, obscurité, doute. Il est important d'apprendre à lire et à interpréter nos sentiments positifs ou négatifs, qu'ils perdurent ou qu'ils soient fugitifs. On peut aussi parler de la « coloration » de notre recueillement, de notre méditation. Dès maintenant, nous pouvons être plus attentifs à ce que nous ressentons comme sentiments dominants. Ceux-ci nous disent quelque chose de la justesse de notre chemin intérieur. Ils peuvent nous rendre conscients de la qualité de détente qui grandit, ainsi que de la paix qui nous habite, ou de la qualité de nos relations avec les autres. Il n'y a pas de justesse sur un chemin spirituel qui ne s'accompagne d'une justesse dans la relation à l'autre. Tout est lié. Si je suis totalement bloqué dans une relation, cela influe non seulement sur mon corps qui somatise la colère, la peur, le refus, et sur mon état mental, mais aussi sur mon chemin spirituel. Il nous faut apprendre à lire ces mouvements intérieurs.

Nous avons vu qu'il y a trois niveaux dans notre humanité, qui évoluent ensemble[1] : le *corps*, le *coeur* avec l'affectivité, le psychisme et le *mental*, le tout assumé par l'esprit, dans le sens d'une ouverture à une réalité ou à une personne qui est au-delà de nous. Dans cette attention à la vie affective, nous allons être particulièrement attentifs au souffle. À certains moments, prenons des pauses de relaxation, mettons-nous dans la position dont il a été question au premier exercice. Il est important de n'avoir aucune entrave dans nos mouvements (si besoin, desserrer les vêtements). En étant simplement sur une chaise ou agenouillés sur le tabouret de prière, nous pouvons prendre conscience de nos sensations et nous détendre. Il existe des exercices de relaxation plus élaborés, où l'on prend beaucoup plus de temps, étendu, pour parcourir tout le corps lentement. L'intérêt de cet exercice est d'éveiller à la perception et à la sensation du corps, afin de le détendre et de se préparer au recueillement. Pour ceux qui ont du mal à ressentir leur corps, de telles séances sont très utiles[2]. La respiration y joue un rôle essentiel.

Respirer en profondeur et calmement ne nous est plus si naturel en Occident. Notre style de vie et notre éducation nous ont désappris à respirer en profondeur. Nous savons par expérience l'importance de la respiration dans notre vie quotidienne. Lorsque cela ne va pas dans notre coeur ou dans notre tête, c'est souvent au niveau des « tripes » et du souffle que nous le ressentons le plus fort. Nos viscères se nouent et notre respiration se fait plus difficile. Nous pouvons hoqueter de rage ou haleter d'anxiété. Après une grosse tension, nous disons qu'enfin « nous soufflons ! ». Avant un rendez-vous important, nous nous sentons essoufflés. Tout ceci montre le lien entre l'affectivité et la respiration. Il y a aussi un lien entre notre souffle et notre énergie matinale ou notre tonus de la journée. Nous connaissons les conséquences du stress. Comment cette interaction entre émotion et souffle n'affecterait-elle pas notre vie spirituelle ? Il existe ainsi un lien entre la relaxation corporelle, la détente psychique et une respiration profonde. L'adulte en est rarement conscient. Quant au petit enfant, il respire spontanément par le bas, à hauteur de l'abdomen. C'est la respiration que nous pratiquons en sommeil profond. Au fur et à mesure que nous avançons en âge, le mental l'emporte sur le ressenti physique et émotionnel et le souffle suit le mouvement, il se déplace vers le haut. Cette respiration haute, au niveau des côtes, nous prive d'une bonne partie des bienfaits de la respiration et du souffle. Ici aussi nous avons besoin de rééducation. La respiration a la particularité de dépendre du système nerveux *volontaire* (nous pouvons délibérément respirer en profondeur, développer nos capacités) et aussi du système *involontaire* ou sympathique (nous respirons inconsciemment durant notre sommeil). En respirant profondément, nous pouvons relâcher notre tension physique et émotionnelle, vivre une plus grand maîtrise de notre conscience et de notre comportement. Notre respiration influe donc sur notre vie intérieure.

Notre diaphragme fonctionne comme un piston dans notre cage thoracique. C'est un muscle puissant. Le fait de trouver le centre de gravité équilibre l'ensemble de notre comportement habituel. Les exercices respiratoires qui ont été proposés plus haut ont pour objectif de remettre en route le grand mouvement de la respiration ou de le déployer. Notre psychisme ainsi que notre vie spirituelle en dépendent. Apprenons à respirer au niveau du centre phrénique situé à quelques centimètres sous le nombril. Cet adjectif renvoie au terme grec qui exprime le lieu des sentiments et des émotions, ce qu'on appelle le *hara* en japonais. Lorsque nous arrivons à prendre conscience de ce lieu et qu'il se détend dans une respiration qui se creuse, nous pouvons prendre conscience de tensions ou d'angoisses. Nous pouvons aussi expérimenter une joie, une détente, une libération progressive de la somatisation des blocages, dans la mesure où nous arrivons à respirer avec une nouvelle amplitude. Un travail sur le souffle a pour but, entre autres, de nous libérer à ce niveau-là. La respiration a une influence sur le psychisme et peut toucher l'inconscient lui-même. Nous pouvons revenir à un niveau instinctif en retrouvant notre respiration originelle et nous pouvons ainsi retrouver une harmonie plus profonde. Cela a des conséquences sur notre vie intérieure et sur notre chemin *spirituel*.

Le souffle est spirituel

En effet, comme on le constate dans nombre de traditions religieuses, le souffle est beaucoup plus qu'un mouvement physiologique. Ce n'est pas simplement le passage de l'air par les poumons. Parce que la respiration est l'expression de la vie, elle a souvent une signification spirituelle. Le souffle, c'est la vie. Autrefois, la première façon de vérifier si quelqu'un était mort et ne respirait plus, c'était de lui mettre une glace devant les lèvres. Dans le langage courant, quand on dit encore aujourd'hui : « il a rendu l'âme, il a donné son dernier souffle », on signifie que la vie s'est arrêtée. Dans la Torah, la bible juive, le souffle se dit *ruah* en hébreu. Ce mot définit à la fois le vent et l'esprit de Dieu. On lit dans la Genèse que Dieu a créé l'homme en soufflant sur la forme qu'il a modelée de sa main. On peut donc affirmer que Dieu est le souffle de l'homme. On lit aussi qu'à l'origine, à la création, l'Esprit de Dieu planait sur les eaux. Sur les eaux de la fécondité et de la naissance, le souffle de Dieu plane.

Un maître spirituel chrétien, un Père de l'orthodoxie, Grégoire Palamas, écrivait : « L'homme véritable, lorsque la lumière lui sert de voie, s'élève sur les cimes éternelles, il contemple les réalités méta-cosmiques sans se séparer de la matière qui l'accompagne dès le début, amenant à Dieu à travers lui, tout l'ensemble de la création ».

On retrouve cette importance mystique ou cosmique du souffle dans d'autres religions, par exemple dans des rituels qui font appel au son (des instruments à vent, comme les cors tibétains), au vent (drapeaux et bannières)... Certaines traditions voient la présence de la divinité dans la tempête... C'est précisément parce que le souffle est la vie que dans les traditions anciennes la divinité est souvent comparée au souffle. Il est à la fois une réalité essentielle (un des quatre éléments primordiaux) et ce qui échappe sans cesse. C'est une belle image de la vie spirituelle. On ne met pas la main sur le souffle. On peut voir un arbre agité par le vent mais on ne voit pas le vent lui-même. « Le vent souffle où il veut et on ne sait ni d'où il vient ni où il va », dit le Christ à Nicodème[3]. La *ruah* en hébreu se traduit par *pneuma* en grec, et par *spiritus* en latin. Cela a donné spiritualité, vie spirituelle, ouverture à la présence de Dieu, maître de la vie. Chez les Grecs de l'Antiquité, il y avait le Dieu *Éole*, dieu du vent, il n'était qu'une divinité parmi d'autres, fils de Poséidon, dieu de la mer. Or, pour certaines religions cosmiques comme l'hindouisme, le souffle est un moyen de communion, parfois même de fusion avec le divin. Dans la méditation, c'est par le souffle que l'on entre en relation avec le cosmos et avec toutes les réalités qui entourent l'être humain. Il y a un échange continuel entre l'air qui est en nous et le cosmos où nous puisons l'oxygène et l'énergie naturelle. Cependant, pour la tradition judéo-chrétienne, le souffle est personnalisé. L'air que nous respirons, le vent dont on ne sait ni d'où il vient ni où il va, c'est l'Esprit de Dieu. Enfin, d'un point de vue écologique, sans le vent, il n'y aurait pas de vie sur la planète ni de fécondité. C'est lui qui provoque les changements de température, qui transporte les semences pour qu'elles puissent devenir fécondes.

Ce souffle que nous pouvons comprendre et intérioriser dans un sens très profond, nous permet de vivre l'unité de notre corps, de notre psychisme et de notre mental. Plus notre psychisme et notre corps s'apaisent, plus nous pouvons respirer en profondeur. Inversement plus nous respirons en profondeur, plus notre corps et nos émotions s'apaisent sur un rythme qui se ralentit. Le souffle est l'une des expériences physiologiques qui expriment le mieux le lien qui existe entre vie corporelle et affective et vie spirituelle. Les exercices sur le souffle permettent de découvrir à quel point celui-ci peut se ralentir, se creuser de façon étonnante. Il est possible de rester longtemps en apnée. Nous nous rendons compte alors qu'il y a comme une respiration de notre psychisme, une détente de notre affectivité qui débouche sur une sérénité intérieure, qui est autant spirituelle que morale. Dans cette perspective, nous pouvons, par l'accueil conscient du souffle, par la dilatation de la respiration, entrer dans un chemin spirituel. On retrouve au sens fort la racine *spiritus*, le souffle divin. Nous en verrons les conséquences quand nous pratiquerons la méditation[4] en relation avec le souffle et la position immobile.

Un chemin spirituel peut donc être un chemin de dilatation grâce à l'accueil du souffle. On comprend alors qu'il a un lien important avec l'immobilité favorisée par l'amplitude de la respiration. L'immobilité est nécessaire à l'écoute, d'où l'importance de garder la posture de prière dont il sera question plus loin. On ne peut pas écouter si l'on ne s'arrête pas. Lorsque nous entendons une musique qui nous plaît, nous avons envie de nous arrêter pour la goûter. C'est difficile d'écouter quand on est dans le mouvement et l'agitation. Dans la Bible, le premier commandement commence par : « Écoute Israël, Shema Israël »[5]. Au prophète Elie, sur le mont Horeb, Dieu se révèle dans la brise légère. Il montre ainsi qu'il n'est ni dans la foudre ni dans le bruit, comme le pensaient les ancêtres, ni dans le soleil ni dans l'orage : il est dans la brise légère[6]. Il nous faut donc apprendre à écouter, à accueillir. Quand nous arrivons à rester dans une certaine immobilité, dans une présence à soi et au souffle qui nous habite, nous pouvons vivre une sorte d'illumination intérieure, le sentiment d'une plénitude. Il ne faut pas le rechercher, mais l'accueillir, quand il est donné.[7]

La plus grande difficulté, pour vivre le silence, c'est d'entrer dans une écoute, c'est-à-dire de vivre un silence plein. Celui-ci implique un apaisement de nos idées, de notre mental et aussi de nos émotions superficielles, de nos blocages. Cela demande du temps, de la patience, une pratique régulière, même brève, des exercices proposés. Nous expérimentons que lorsque nous nous arrêtons et que nous entrons dans le silence, il devient le point focal de toutes nos distractions. Même les vieux moines en sont victimes. Parfois, dans le silence de la méditation, des émotions ou des souvenirs émergent, que nous ne voulons pas entendre ; et nous sommes tentés de remplir l'espace. Ou bien, quand nous nous mettons en silence, nos soucis nous envahissent.

Pouvons-nous faire taire notre esprit, notre moi inquiet, notre *ego* envahissant pour devenir accueil, disponibilité ? C'est possible jusqu'à un certain point. Dans quel but chercher à atteindre cette écoute du coeur profond, intuitive, cette présence intérieure ? Nous allons le découvrir ensemble. Ce que nous voulons atteindre, c'est une qualité d'existence et de relation, c'est une qualité d'être, grâce à une « déprise », une démaîtrise du faire et de l'avoir, pour devenir pleinement vivants. Pourquoi alors insister sur la perception des sensations lorsque nous nous mettons en position d'immobilité ? Pour arriver à la détente, qui est propice à la concentration et à l'unification de la conscience. Parce que lorsque nous sommes vraiment présents à la sensation, il y a une partie de notre activité mentale qui se déconnecte. Cette expérience, nous la faisons déjà dans la pratique d'un art, comme la musique, la sculpture, le dessin,... Dès que nous faisons appel à nos sens de façon concentrée et intense, notre activité mentale s'apaise. Nous pouvons alors être présents de tout notre être. Cela implique que nous soyons bien dans l'instant. Notre problème est que, souvent, nous faisons plusieurs choses à la fois. Tout, dans les rythmes actuels, nous pousse à la dispersion : multiplicité des bruits, des odeurs, des mouvements, accélération des activités... Tout semble se conjuguer pour rendre l'immobilité et le silence difficiles.

Pourtant, il est possible de devenir plus présent à notre corps à travers le souffle qui est donné à chaque instant, pour vivre l'instant présent. Une façon d'entrer dans le silence, que j'ai apprise en Inde et qui va à l'encontre des idées reçues, c'est, par exemple : quand vous vous arrêtez et qu'il y a un grand nombre de bruits autour de vous, vous accueillez tous les bruits, c'est-à-dire que vous veillez à ne vous fixer sur aucun bruit particulier. Si vous entendez un bruit très fort comme celui d'un moteur qui démarre, essayez alors d'entendre le pépiement du moineau, une voix quelque part, le vent... Vous ne vous arrêtez à aucun bruit, mais vous les recevez tous indistinctement. Cela permet d'entrer progressivement dans un silence et dans le ralentissement du souffle.

Enfin, qu'est-ce qui nous empêche de nous arrêter, de nous tenir immobiles, de faire le vide ? C'est le fait que nous sommes des voyageurs avec bagages. Dans chaque main, nous portons une lourde valise : la valise de nos regrets et de nos culpabilités et la valise de toutes nos angoisses ; nous les emmenons partout. Or, je le rappelle, hier appartient au passé et à l'histoire et demain est encore pour moi un mystère à découvrir. L'idéal alors est de laisser nos deux valises au vestiaire lorsque nous arrivons à l'endroit où nous voulons prendre un temps de méditation. Nous ferons de même chaque fois que nous prendrons un moment pour nous arrêter.

EXERCICE PRATIQUE

➤ La position de méditation[8]

Aucune position ne s'impose. Ce qui compte, c'est de garder l'immobilité sans tension ni volontarisme, ce qui permet l'attitude juste, la bonne tension et favorise la respiration. La plus accessible est celle que l'on prend sur un siège adapté à notre taille.

On se penche tout d'abord en avant afin de s'asseoir de façon à ce que les genoux soient plus bas que le siège et tombent relâchés vers l'extérieur.

On peut croiser les jambes au niveau des chevilles, le côté extérieur des pieds reposant sur le sol. Les mains sont placées au niveau du centre phrénique, un peu au-dessous du nombril, le tranchant est posé contre le bas de l'abdomen. Les mains sont l'une sur l'autre (dans l'assise zen on met la main gauche dans la main droite, le sommet des pouces appuyé l'un sur l'autre, sans pression). Cela forme comme une coupe, qui accueille et qui offre, corolle du lotus que l'on retrouve dans le mouvement circulaire des bras. Ensuite, on redresse le buste et on le fait pivoter légèrement dans tous les sens jusqu'à sentir qu'il se stabilise, qu'il a trouvé son centre de gravité, son « profil d'équilibre ». En laissant l'expiration s'installer avec toute sa force – mais sans volontarisme – on dilate l'abdomen et on trouve plus aisément le centre de gravité, le point précis où le mouvement pendulaire s'arrête et où l'immobilité est possible. Le fond du bassin est stable, la colonne, le cou et la tête dans le même axe, le menton légèrement rentré de façon à ce que le regard se pose sur le sol à environ cinquante centimètres à un mètre de distance (cela dépend de notre taille). On peut vérifier la verticalité de la colonne en repoussant un poids vers le haut par l'arrière de la tête (cf . la figure 1).

Les épaules sont effacées et tombent normalement. On peut les élever un instant et les laisser retomber, les coudes restent souples. Il est essentiel de vérifier la verticalité de la colonne en évitant de creuser les reins sans quoi il n'est pas possible de garder longtemps l'assise méditative. L'expérience permet de percevoir si la position est juste, par le bien-être et la qualité d'immobilité qu'elle favorise. Il ne faut cependant pas se crisper dans un souci de position parfaite. Ce n'est qu'un moyen. L'essentiel est le résultat obtenu.

Passer le corps en revue comme il a été proposé au premier exercice permet cette détente dans l'assise. Il faut en outre être attentif au regard intérieur. Il est proposé de garder les yeux ouverts, le regard posé à environ cinquante centimètres sur le sol, sans rien fixer. Qu'ils soient ouverts ou fermés, il est important de détendre les paupières et le visage, pour entrer dans le « sourire des yeux[9] » qui engendre une paix intérieure et une détente du psychisme. Dans la mesure du possible, il est conseillé de prendre une position plus basse, traditionnelle, dite parfois la « posture carmélitaine », que l'on peut prendre de diverses manières ; à genoux sur une couverture ou une natte, les pointes des pieds se recouvrent légèrement, les genoux peuvent être réunis ou légèrement écartés (ce qui évite les crampes). On s'assoit dans le creux des talons. Il est souvent nécessaire de mettre une petite couverture enroulée sous les cous-de-pied (les carmélites ont leur tunique !). Beaucoup de débutants se servent d'un coussin glissé entre les talons et les fesses ou d'un tabouret (cf. figure 2[10]).

Pour s'asseoir dans cette position, on peut s'incliner profondément en avant jusqu'au sol (ce qui peut être un moyen d'exprimer la disponibilité ou l'adoration) et reconstruire la verticalité par le bas, vertèbre après vertèbre. Ensuite, on suit la démarche indiquée ci-dessus à propos de l'assise sur un siège (cf. figure 3).

On écoute comment « ça » respire en soi, à travers tout le corps qu'on a parcouru. Alors, sur le rythme paisible de la respiration, on peut dire dans l'expiration :

1. se lâcher (ou je me lâche),
2. se donner (ou je me donne),
3. s'abandonner (ou je m'abandonne), et
4. sur l'inspiration renaître (ou se recevoir, je me reçois).

Il y a un rapport de trois à un de l'expir à l'inspir. Au début, cela n'est pas facile à percevoir et les trois mots ne pourront pas être placés, car la respiration n'est pas assez ample. Il ne faut rien forcer et commencer par

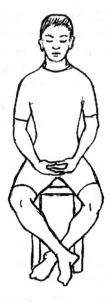

Figure 1

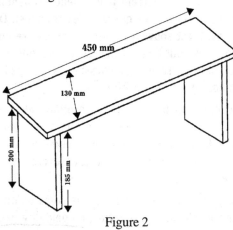

450 mm

130 mm

200 mm

185 mm

Figure 2

Figure 3

une ou deux expressions seulement. Ce qui compte, c'est de pratiquer la posture régulièrement et sans effort excessif (si possible dix minutes au début).

Pour sortir de l'assise méditative sans rien brusquer, on tourne la tête vers la droite puis vers la gauche, on remue les épaules et les doigts de pieds, on détache les mains pour les frotter l'une sur l'autre. Enfin, on s'incline dans une expiration profonde (on peut aussi s'étirer et même bailler par la suite).

Avec le temps, si l'attitude est juste, nous n'expérimenterons pas qu'une détente corporelle, un apaisement des émotions et une pacification du mental. Nous vivrons une transformation profonde de la personnalité, l'expérience d'une renaissance vitale, d'une transfiguration de nos profondeurs.

Nous reviendrons dans le détail sur la méditation, ses étapes et ses bienfaits.

Notes

1. Quand je dis « qui évoluent ensemble », je parle d'une interaction, non d'une simultanéité dans la croissance. On peut être plus avancé à l'un ou l'autre niveau (corporel, affectif ou mental). Les trois s'inscrivent et influent sur notre chemin spirituel.

2. Cf. la cassette de relaxation du frère Albert de l'abbaye d'En Calcat (81110 Dourgnes) et les exercices en annexe.

3. Évangile de Jean, au chapitre 3.

4. La méditation peut prendre des sens différents selon les contextes. Dans les premiers chapitres de ce livre, nous en parlerons dans le sens que lui donnent les traditions spirituelles d'Extrême-Orient. Elle se caractérise par une démarche d'unification de la personne au plus intime d'elle-même, grâce à un retrait des sens et une concentration de la conscience libérée de l'emprise du mental. Cette démarche – qui favorise la sérénité et la présence aux profondeurs de l'être – n'est pas incompatible avec une démarche spirituelle chrétienne. Elle doit cependant être distinguée de la méditation chrétienne marquée par une démarche discursive à partir d'un texte d'Écriture, par exemple. Il en sera question lorsque nous présenterons la méditation ignatienne. La première conception de la méditation peut y introduire avantageusement car elle dispose au recueillement et à l'accueil d'un silence intérieur. De même, elle peut préparer à la contemplation, qui est une étape ultérieure à la méditation chez Ignace de Loyola. (Voir au Chapitre 10).

5. Deutéronome 6, 4.

6. 1er Livre des Rois, 19, 12.

7. Ce n'est pas forcément le *satori*, qui débouche sur le *nirvana*. Le *satori* est l'expérience de l'illumination, dans le bouddhisme zen, qui consiste en un éveil à sa véritable nature et, par là, à la nature de toute chose. Le *nirvana* désigne l'expérience mystique la plus élevée dans le bouddhisme. Il est un état de béatitude qui résulte de l'extinction du moi.

8. Je m'inspire ici des conseils et des schémas donnés par Alphonse et Rachel Goettmann (*op. cit.*) et par Jean-Michel Dumortier, dans *Chemins vers l'oraison profonde*, Paris, Cerf, 1986. Ces deux livres proposent aussi d'autres positions, comme celle du lotus.

9. Le sourire des yeux nous tourne vers la source intérieure, il unifie notre coeur et exerce un effet sur notre psychisme comme sur notre mental. C'est un sourire qui nous illumine de l'intérieur et, en même temps, nous renvoie au positif de ce qui vit en nous et autour de nous.

10. Il est bon d'adapter ces mesures à sa taille et à sa souplesse.

Chapitre IV

SE SITUER AU NIVEAU DU COEUR PROFOND

Selon la plupart des grandes traditions spirituelles, qu'elles soient occidentales ou orientales, nombreux sont ceux qui vivent en dysharmonie, qui n'arrivent pas à un équilibre au niveau de leurs diverses capacités, et utilisent mal leur potentiel physique, psychique, mental ou spirituel. Nous avons vu l'interaction entre ces niveaux dans la personne. Or, notre relation à nous-mêmes, aux autres, à une Transcendance si l'on est croyant, au cosmos, à la nature qui nous englobe, est marquée et souvent parasitée par des dysfonctionnements. Santé spirituelle, santé psychologique et affectivité sont liées. Quand nous vivons des relations difficiles avec notre entourage, que nous souffrons de problèmes physiques ou psychiques, ou que nous traversons une crise spirituelle, l'ensemble de notre personne est concerné. Nous ne sommes pas cloisonnés. Un domaine ne peut être déconnecté d'un autre. C'est pour cela qu'aujourd'hui on parle beaucoup d'une approche holistique de la santé et de la spiritualité. Le mot holistique (du grec *holos*, complet, intégral) renvoie à l'intégralité de la personne. Celle-ci concerne aussi le domaine moral, avec tout ce que nous pouvons ressentir comme étant faute, échec, insuffisance, culpabilité, comme dépendance par rapport à un passé, à des expériences, des habitudes, des souffrances. Notre corps porte la mémoire de notre histoire, dont nous sommes le produit.

Le coeur comme lieu spirituel

Nous sommes parfois surpris de découvrir en nous des fragilités qui pourraient menacer notre équilibre quotidien. C'est parfois la conséquence d'un mauvais usage de notre liberté qui fait qu'aujourd'hui nous en sommes là, parfois tout pantelants. Peut-être portons-nous un souvenir sur le mode de la culpabilité, alors que notre liberté y était très restreinte. Il arrive aussi que nous nous culpabilisions de fautes qui ne dépendent pas vraiment de nous. Pourtant, cela fait partie de notre dignité d'homme et de femme, de pouvoir reconnaître que nous sommes coupables lorsque c'est bien le cas. Il faut pouvoir en assumer les conséquences. Mais la culpabilité n'est pas la culpabilisation dans ce qu'elle veut avoir parfois de morbide[1]. L'important est de considérer qui nous sommes aujourd'hui pour avancer avec ce que nous sommes. Pour certains, une démarche comme celle décrite ici peut amener à une réconciliation avec eux-mêmes, (avec leurs blessures, leur passé, leur péché), avec les autres, avec le cosmos et éventuellement avec leur Dieu. En tout cas, c'est un long chemin, un chemin de transfiguration, un chemin de métamorphose, de réharmonisation, de réintégration progressive de ce qui est éclaté en nous. La méditation joue un rôle central dans cette démarche : elle est un lieu de recentrement, d'apaisement, d'intégration. « Je me lâche, je me donne, je m'abandonne, je me reçois » ou « je renais »... sur ce chemin d'unification de mon être profond.

Nous avons vu que l'époque contemporaine se caractérise, en tout cas en Occident, par l'investissement presque exclusif de l'intelligence par la raison. Nous avons tout objectivé, organisé, nous avons tout découpé, numéroté et mesuré avec pour conséquence que nous avons ignoré et souvent nié tout ce qui n'était pas mesurable ou visible. N'arrive-t-il pas que des diagnostics médicaux soient établis uniquement sur la base de protocoles d'examens sans même que le praticien ait jamais rencontré le patient ? De même que le mystère de l'univers cosmique ne peut se réduire aux mesures qu'en donnent les astrophysiciens. Il existe une autre forme d'intelligence de la réalité dans laquelle nous vivons. Dans le fond, nous avons payé la maîtrise du monde par la perte du contact avec nos profondeurs. L'Occidental est une personne qui vit en extériorité. Nous sommes continuellement en train d'essayer de contrôler ce qui se passe. Nous ne supportons pas de ne pas avoir d'explication ou de ne pas trouver de coupable, même s'il s'agit d'une tempête qui traverse notre pays. En général, nous vivons à un rythme tel, que nous n'avons pas le temps d'aller rejoindre le coeur de notre coeur. Alors, tourné vers ce qui se perçoit, ce qui se produit, ce qui se mesure, ce qui s'achète, s'instaure une relation instrumentale avec la nature, qui n'est plus un espace de contemplation mais de domination. Nous vivons hors de nous-mêmes et nous sommes étrangers à nos propres profondeurs.

Il y a des gens qui sont convaincus que l'intériorité n'existe pas, que tout est psychologique, que tout se passe au niveau des fantasmes, de l'imaginaire. Ce qui peut être grave dans une telle perception, c'est que nous sommes tentés d'étouffer le désir en satisfaisant nos besoins. Il existe une différence fondamentale entre le désir et le besoin. Le désir est toujours en attente alors que le besoin peut être satisfait. Le désir est cet élan en nous qui vient du fait que nous sommes des êtres incomplets. Il y a toujours une potentialité, une attente, qui nous pousse en avant et qui nous fait chercher, parce que nous sommes des êtres d'intelligence, de spiritualité, de sensibilité. Cela crée une ouverture en nous vers une transcendance, une béance qui attend une rencontre, une fécondation...

La mort du désir, c'est la mort de l'humanité, de ce qu'il y a de plus humain et de plus divin en nous. S'engager sur un chemin d'intériorité et de transfiguration, c'est renouer avec les profondeurs de notre désir qui nous dit : « plus est en toi ! ». Dans une perspective chrétienne, puisque l'homme a été créé à l'image et à la ressemblance de Dieu, il y a en lui une capacité divine qui sera insatisfaite jusqu'à ce qu'il ait rencontré Dieu. « Mon coeur est sans repos tant qu'il ne repose en toi » disait saint Augustin.

Quand nous ne sommes pas conscients de la source du désir en nous, nous essayons de remplir le manque en satisfaisant nos besoins. Pourtant, nous constatons que ceux qui croient avoir satisfait tous leurs besoins n'ont pas résolu le problème du manque fondamental, originel. Parce que, très profondément, il y a en tout être humain cette béance qui est une ouverture vers un au-delà et le lieu de l'élan du désir. Ce cri vers une plénitude d'être, nous ouvre à la source qui est en nous mais aussi au-delà de nous, vers celui qui donne la vie. Celui dont il est question quand se murmure dans nos profondeurs : « Viens vers le Père », la source qui donne la vie.

Certes, le désir peut être vécu de différentes façons selon les traditions religieuses. Ce qui importe, c'est d'être conscient que ce désir insatisfait est notre chance de croissance. Il est donc bon que nous connaissions des moments de manque profond et des moments de plénitude, que nous fassions l'expérience qu'effectivement nous avons une capacité d'émerveillement, de déploiement, de vie, qui nous révèle de nouveaux possibles. Il nous faut garder cela en mémoire, surtout si cette découverte a pu être menacée par des expériences négatives.

Nous vivons dans un monde qui nous pousse à satisfaire tous nos besoins. En réalité, nous nous rendons compte que notre désir profond est insatisfait. Aujourd'hui, que se passe-t-il pour que nous ressentions cette frustration par rapport à la raison, à la relation instrumentale au monde, aux autres et aux objets ? Nous redécouvrons l'émotion, nous renouons avec les sensations. Cette redécouverte des émotions se fait souvent de façon complètement débridée : dans un retour du refoulé où cette recherche d'émotion se pratique pour elle-même. Nous voulons vivre des expériences fortes. Des « gourous » proposent ainsi des week-end de formation pour pousser les émotions à leur paroxysme. Plus on a crié, plus on a pleuré, plus on est sorti de soi-même dans des états indescriptibles, plus on croit qu'on a vécu une expérience forte. De nombreux groupes confondent ainsi intensité et soudaineté d'une émotion avec l'expérience spirituelle. Des personnes poursuivent une recherche insatiable de sensations, d'émotions, de groupes aussi, où elles peuvent vivre toutes sortes d'expériences dramatiques. Ailleurs, on travaille sur le corps, mais quand on parvient à un état de présence à soi, on est face au vide, il n'y a rien. On est là dans un certain bien-être, mais un bien-être dénué de sens. Il ne s'agit pas de caricaturer toutes les propositions alternatives en matière de santé et de spiritualité, dont certaines peuvent faire du bien, mais de signaler les risques de dérive pour des personnes fragiles[2].

Identifier notre quête profonde

Alors dans cette confusion entre expérience émotionnelle et spirituelle, quête d'absolu et quête de soi, une question s'impose : pour finir, que cherchons-nous sur notre chemin ? Sommes nous à la recherche de nous-mêmes ? Désirons-nous accroître encore plus le contrôle que nous pouvons avoir sur nous-mêmes ? Est-ce à une plus grande maîtrise du réel que nous visons, avec un pouvoir plus efficace sur les autres, une maîtrise nouvelle du monde qui nous entoure ? Il y a des personnes qui utilisent de grandes traditions mystiques pour acquérir une supériorité sur les autres. Par exemple, certains hommes d'affaires japonais pratiquent le zen parce que cela permet d'émettre des ondes cérébrales qui augmentent la concentration, la présence à soi et qui les rend plus performants. En instrumentalisant une démarche spirituelle en vue d'un pouvoir supplémentaire, on dévoie la spiritualité et l'homme reste coupé de ses profondeurs. Son être profond est malade parce qu'il est dans le divertissement et la superficialité. Il « fonctionne » convenablement, mais il s'est coupé de la source. Au moindre échec important, il n'a pas de ressource réelle en lui pour rebondir. Bien des « déprimes » naissent de ce rapport intéressé au monde et aux autres qui engendre solitude et angoisse devant l'avenir. Cette maladie est spirituelle, psychique, morale, et bien sûr cela retentit sur le physique. Nous en parlerons à propos des « trois détresses ».

Ce n'est pas sans raisons qu'aujourd'hui, pour beaucoup de personnes, la quête spirituelle est aussi une quête thérapeutique. On va demander aux thérapeutes de donner un sens à la vie et aux groupes thérapeutiques un salut : nous libérer de la peur, du non-sens, de nos fragilités, nous sauver de la solitude ou de l'échec dans nos relations. Ou bien on va demander à un maître spirituel ou à un groupe spirituel des thérapies pour se sentir mieux dans sa peau. Ce qui importe pourtant, c'est qu'un chemin spirituel soit aussi un chemin d'humanisation. Parmi les critères d'authenticité d'un chemin spirituel, il y a la croissance en liberté intérieure (qui implique un renoncement à tout maîtriser) et une capacité de vivre des relations interpersonnelles gratuites. Cette liberté et cette gratuité – certes jamais totale – dans les relations sont des indices qui ne trompent pas et qui contredisent les logiques purement économiques. Il n'existe pas de chemin d'unification ou de sanctification qui ne soit un chemin d'humanisation... et inversement !

Il ne s'agit pas de nier le rapport existant entre santé et salut, entre santé et spiritualité. Si notre démarche spirituelle ne nous enracine pas dans notre être profond et ne nous apporte pas un certain épanouissement sur le plan psychologique et humain, il y a quelque chose qui manque. Dans ce cas, nous sommes dans une démarche désincarnée, avec des risques de volontarisme, de moralisme, de culpabilisation. Nous risquons de nous installer dans une espèce de boulimie d'ascèse ou dans la toute-puissance. Nous confondons la sainteté et la perfection[3]. D'un autre côté, il est important, lorsque nous sommes engagés dans une démarche thérapeutique avec un psychologue ou un groupe, de reconnaître qu'il existe une dimension spirituelle dans l'être humain – que la thérapie ne peut pas gérer complètement – qui est de l'ordre de l'absolu, d'une transcendance, d'une profondeur, quel que soit le nom que nous lui donnions. Nous devenons étrangers à nous-mêmes, à nos profondeurs, à force de vouloir continuellement mettre en valeur notre moi, ce « petit moi » – qui est l'opposé du moi profond – qui, sans cesse, veut avoir, pouvoir, savoir, mais qui au fond n'est pas ouvert au désir, n'est pas enraciné, n'est pas intégré dans la personnalité.

Qu'entendons-nous ici par vivre au niveau du coeur profond ? Dans de nombreuses traditions religieuses, l'idée d'un centre en l'homme existe, qui est le lieu où se rassemble et d'où jaillit la vie. Pour les Orientaux, il s'agit du *hara*, qui se situe à quelques centimètres sous le nombril, au coeur de nos viscères. Nous l'avons appelé au chapitre précédent le centre phrénique. Cette localisation repose sur une observation de la physiologie humaine et de la façon dont le corps somatise les états affectifs, les émotions. Dans notre perspective, où le corps, l'affectivité et le mental sont appelés à s'harmoniser le plus possible sur un chemin spirituel, ce centre est important. Il est notre centre de gravité en référence à l'assise méditative. Il nous fournit aussi des signaux sur notre état mental et affectif. En outre, il est le lieu où les forces instinctives se concentrent et sont mobilisées pour la décision et l'action. Ceux qui pratiquent un art martial oriental en ont souvent fait l'expérience. De même, la méditation orientale consiste à conduire consciemment vers ce centre, en vue d'harmoniser l'ensemble de la personne. Notre volonté peut agir sur ce centre et inversement. Selon ces traditions, c'est un lieu où se concentre l'énergie humaine qui est en relation avec l'énergie cosmique. Cependant, il ne concerne pas directement une relation personnelle à la divinité.

Dans la tradition judéo-chrétienne, le coeur n'est pas simplement le lieu des émotions, comme dans le langage courant. Dans la Bible, il désigne la plupart du temps la faculté spirituelle par laquelle l'être humain entre en relation avec Dieu. Cette faculté est nommée différemment selon les mystiques chrétiens : *tréfonds ou cime de l'âme* (saint Augustin), *gemüt* (le mystique rhénan Tauler), *esprit de l'âme* (sainte Thérèse d'Avila), *centre de l'âme* (saint Jean de la Croix), *fine pointe de l'âme* (sainte Jeanne de Chantal)[4]. C'est une faculté spirituelle en l'homme qui a besoin d'être éveillée, qui demande une initiation, comme un sixième sens qui n'est pas spontanément actif chez la plupart des personnes. On y perçoit aussi l'idée d'intuition spirituelle. Dans la Bible, il est dit que l'homme honore Dieu des lèvres mais que son coeur est loin de Lui[5]. À Ezéchiel[6], Dieu promet de donner un coeur nouveau qui remplacera le coeur de pierre. Saint Paul parle du coeur « inintelligent et enténébré[7]. » Dans l'anthropologie chrétienne, Dieu n'a pas seulement donné à l'homme les sens dont il a besoin pour entrer en rapport avec le monde sensible, pour s'en émerveiller et le gérer. Il lui a donné également un coeur pour entrer en relation avec Lui. Ce coeur, aujourd'hui éloigné de Lui, doit retrouver sa capacité et sa profondeur. Dans cette tradition, c'est par le baptême et la réconciliation qu'il est possible de rendre au coeur toutes ses capacités d'aimer et d'entrer en relation. Cela va au-delà de l'affectivité, car le coeur, « capable de Dieu[8] » – puisque l'homme a été créé à son image – est ouverture au divin.

C'est de ce coeur dont il est question ici, source de vie et d'harmonie, centre de l'amour et de la fécondité. *Source intérieure à redécouvrir* et à libérer sans cesse pour pouvoir se déployer dans toutes ses possibilités, libre et vivant. C'est ainsi que Dieu désire et espère tout être humain.

EXERCICE PRATIQUE

➢ Créer un triple apaisement

Pour entrer en profondeur dans l'assise et dans la démarche de la méditation, il est important d'être attentif à s'apaiser aux trois niveaux, physique, affectif et mental[9]. L'apaisement *corporel* s'obtient par le travail de détente ou de relaxation dont il a déjà été question au premier chapitre et à partir de la position de méditation. Il faudra toujours y revenir dans la pratique.

Afin de pacifier le niveau *émotionnel*, il est important de se concentrer sur la respiration, non pour la forcer ou la contrôler, mais pour l'observer et la laisser se déployer naturellement. Chaque expiration peut être l'occasion de laisser s'en aller des émotions. C'est souvent quand nous prenons une position d'immobilité, dans le silence, que nous prenons le plus conscience que nous sommes agités ou préoccupés par une émotion. Il est bon d'en prendre conscience pour pouvoir ensuite prendre une distance par rapport à elle. Il ne s'agit ni de les refouler, ni de les ignorer complètement, mais de ne pas nous laisser envahir par elles, quitte, ensuite, à y revenir pour creuser ce qu'il y a derrière telle émotion négative. C'est souvent le signe qu'il y a en nous un besoin mal géré, un problème de relation à résoudre. Ce n'est pas le moment pour l'élucider. Laissons s'éloigner ces émotions en entrant dans l'amplitude de la respiration. Dans l'expression « je me lâche, je me donne, je m'abandonne », toutes nos émotions du moment sont concernées... Progressivement, nous sentirons la paix nous envahir et nos émotions revenir à leur juste place.

Enfin, il nous faut pacifier le niveau *mental*. Cela concerne l'envahissement du silence intérieur par nos idées et nos soucis, nos projets et nos activités. Ici encore, la présence à la respiration, précédée d'une détente corporelle, est indispensable. Ne nous laissons pas envahir par nos pensées. Identifions-les, éventuellement gardons-les pour après, s'il s'agit d'une question importante, mais éloignons-les de notre conscience durant l'exercice. Se concentrer sur les paroles proposées pour la méditation peut nous aider à rester disponibles mentalement à l'accueil du calme et de la paix intérieure. (Certains comptent lentement à rebours jusqu'à dix en se concentrant sur un point du corps). Dirigeons notre regard vers notre coeur profond. Les chrétiens peuvent prendre conscience que la détente ne débouche pas sur une vacuité[10], mais sur une présence. « Nous viendrons à lui et nous ferons chez lui notre demeure », promet le Christ à celui qui fait sa volonté, c'est à dire à celui qui aime[11].

Ce triple apaisement permet d'harmoniser notre être dans toutes ses dimensions et d'être présent à nos profondeurs, à notre source intérieure.

Notes

1. Dans notre histoire personnelle, peut-être avons-nous vécu des expériences douloureuses, acquis des habitudes qui sont encore lourdes à assumer, des souffrances. Tout cela, nous le portons en nous, dans notre psychisme, dans notre corps, dans notre coeur, dans notre vie spirituelle. C'est peut-être l'une des raisons pour lesquelles nous nous sommes coupés d'un chemin spirituel, parce que nous avons cru que nous étions condamnés par Dieu, par l'Église. Pour certaines personnes séparées de l'Église, ce n'est pas toujours évident de revenir et de refaire confiance, surtout quand elles se sont senties condamnées. Il est important de bien distinguer entre responsabilité et culpabilité, afin de croître en liberté intérieure et en vérité.

2. Pour ces questions, je renvoie à mon livre *Guérir à tout prix ?, op. cit.*

3. La perfection n'est pas la sainteté, il en sera question plus loin.

4. Cf. Henri Caffarel, *Cinq soirées sur la prière intérieure*, Paris, Éd. du Feu Nouveau, 1980, p. 13 et s.

5. Prophète Jérémie 12, 2.

6. Prophète Ezechiel 36, 26.

7. Épître aux Romains 1, 21.

8. Cette expression très ancienne souligne le fait que, parce qu'il a été créé par Dieu, il y a en l'être humain une ouverture et une « capacité » de Le retrouver en lui-même ou dans la création.

9. Cf. J.-M. Dumortier, *op.cit.*, p. 46-48.

10. La vacuité, pour le bouddhisme zen, n'est pas le vide, mais la prise de conscience de l'impermanence de toute chose. Cette expérience favorise le détachement de l'*ego*, qui pourra déboucher sur le *satori*, l'illumination (dont il a déjà été question).

11. Évangile de Jean 14,23.

Chapitre V

DÉPASSER LA DÉTRESSE

La conséquence de la division intérieure qu'entraînent une vie superficielle et une recherche de toute puissance est que nous sommes alors confrontés à ce que l'on peut appeler *les trois détresses fondamentales de l'homme* : l'angoisse, l'absurdité et la solitude. Celles-ci naissent d'une attitude mal ajustée vis-à-vis de la vie, de soi-même, des autres, du cosmos ou de la Transcendance. Il s'agit d'une détresse métaphysique radicale. Pour Graf Dürckheim, « l'homme se trouve citoyen de deux mondes, celui de la réalité existentielle, bornée par le temps et l'espace, accessible à la raison et à ses pouvoirs, et celui de la réalité essentielle, qui est au-delà du temps et de l'espace, accessible seulement à notre conscience intérieure et inaccessible à nos pouvoirs »[1]. Sa destinée est de témoigner de la réalité d'une Transcendance au sein même de l'existence, ce qui n'est possible que s'il prend au sérieux les grandes expériences de la vie qui révèlent la présence de l'Être. Sa double origine est donc ouverte à l'expérience. « Elle représente la source, la promesse et la tâche fondamentale de l'homme, dont la base est l'expérience de l'Être et l'exercice initiatique du chemin, qui est la vérité et la vie de l'homme *éveillé*.[2] » Suivant les cas, il parle d'une *sensation* de l'Être ou d'une *expérience* de l'Être. C'est ainsi qu'il montre la fécondité de la triple détresse humaine quand elle atteint un paroxysme. Elle peut déboucher sur une attitude d'abandon qui permet alors un envahissement par un au-delà. Sans entrer dans tous les développements de sa pensée, nous reprenons certains aspects de son enseignement[3].

L'expérience de la détresse

La première de ces détresses, c'est la peur de la mort qui suscite *l'angoisse*. Nous vivons dans un monde où la mort est complètement occultée. Autrefois, la porte de la maison du défunt était revêtue d'un catafalque, on exposait le corps dans le lieu d'habitation. Aujourd'hui, on meurt à l'hôpital, le corps est déposé dans une chambre funéraire. C'est ainsi que nous découvrons par hasard que la gentille petite vieille qui vivait dans notre rue est morte depuis six mois. La mort est devenue anonyme. Par ailleurs, dans un monde marqué par la violence et l'individualisme, les gens s'entourent de toutes sortes de sécurités. Ils ne comptent plus que sur eux-mêmes. La peur de la mort – qu'ils savent inéluctable mais qu'ils n'ont pas appris à apprivoiser – génère l'angoisse de l'inconnu, du vide. Cette angoisse de la mort est pourtant normale tant qu'elle n'envahit pas la personne au point de lui faire perdre toute paix intérieure.

Une autre conséquence de cette destruction des profondeurs, c'est *l'absurdité de la vie*, l'impression d'un non-sens. Beaucoup de nos contemporains sont pris dans un rythme de vie qui ne leur laisse pas le temps de s'interroger sur les raisons d'un tel déploiement d'énergie. Ils ne comptent souvent que sur eux-mêmes. Il n'y a plus de transcendance. Quand les circonstances de la vie, une épreuve, une rencontre, les poussent à s'interroger sur le sens de leur existence, certains ont l'impression d'une vanité, d'une énergie perdue en vain. D'autres fuient dans le divertissement. Pour finir, ils ne savent plus pourquoi ils se donnent tant de peine. L'impression d'absurdité de la vie débouche sur un sentiment de non-sens que la frénésie de consommation et de possession ne parviennent pas à dissiper.

Une troisième conséquence de cette perte de contact avec le coeur profond est *la solitude,* prise dans le sens d'isolement. En effet, il existe une solitude bénéfique et revivifiante. Ici, je parle de la solitude qui découle de la fermeture sur soi. L'homme s'identifie à son « petit moi », il s'installe dans la complaisance de la pure rationalité et exclut d'autres dimensions de l'être. Il essaie alors de combler le vide. Cette quête continuelle de satisfaction de ses besoins, de valorisation de lui-même, cette tentative de s'en sortir seul finit par le couper des autres et de sa source intérieure. L'isolement débouche sur la stérilité.

À partir de la conscience de nos fragilités, nous sommes appelés à parcourir un chemin de libération, dans lequel la méditation joue un rôle très important. Nous découvrirons progressivement, grâce au fruit de la méditation, comment se déploie la victoire de la *force* sur l'angoisse, de la *lumière* sur le non-sens, de *l'amour* sur la solitude. Prenons simplement conscience pour le moment que nous sommes tous concernés d'une façon ou d'une autre par ces trois détresses. Nous verrons que, par un chemin spirituel qui unifie à la fois notre psychisme, notre physique et notre dimension spirituelle, nous pouvons libérer la force qui l'emporte sur l'angoisse, la lumière sur le non-sens, l'amour sur la solitude. Cela est vrai quelle que soit notre référence spirituelle ou notre absence de référence, parce que ce chemin de libération concerne notre humanité profonde. Personnellement, je crois que le monde et l'homme sont traversés par une puissance de vie qui ne vient pas de l'humain. Cette puissance provient, pour certains, du cosmos, pour d'autres, d'un Dieu créateur, pour d'autres encore, d'une énergie vibratoire... Il y a différentes façons de la concevoir. En tout cas, il y a en chacun de nous un appel à la vie, une aspiration à un mieux être, bien plus, une soif de plénitude. Les grandes traditions spirituelles nous disent que nous pouvons déjà en connaître un avant-goût important aujourd'hui, même si cette plénitude n'est pas parfaite.

Dans la mesure où nous devenons conscients de cette puissance en nous, nous pouvons devenir un sujet actif sur notre chemin de croissance. Il n'y a pas de fatalité. Nous ne sommes pas simplement un objet ballotté par les événements ou par les situations qui nous sont imposées parce que, sur le plan professionnel par exemple, nous n'avons pas pu faire les choix que nous souhaitions. Ou parce que, affectivement, nous avons un handicap profond ou que nous traver‑ sons une période difficile. En accueillant et en déployant les capacités vitales qui sont en nous, nous participons à notre propre libération et à celle des autres. Celle-ci ne relève pas de la magie, elle est de l'ordre d'un chemin, d'une voie. Cette voie consiste à nous décentrer de ce petit moi qui revendique toujours « et moi et moi ! », pour entrer dans une forme de relation à nous-même, aux autres, au cosmos, au divin, qui nous dilate.

La libération par la méditation

Nous avons vu que le premier indice de notre progression dans la vie spirituelle, c'est que nous grandissons en liberté intérieure, une liberté suffisante pour pouvoir accepter la réalité comme elle est, nous accepter nous-mêmes, accepter les autres. Le deuxième critère de cette avancée, c'est une compassion et une tendresse de plus en plus gratuites. Le développement de la liberté intérieure et de la compassion nous indique que nous avançons sur un chemin de vie et de croissance spirituelle, quelle que soit notre tradition. Par ailleurs, les traditions orientales, dont je m'inspire dans ce chapitre, disent que la sagesse occidentale regarde vers le dehors et la sagesse orientale vers le dedans (cf. le maître Suzuki)[4]. Mais si l'on regarde en dedans comme on regarde en dehors, on fait du dedans un dehors. C'est-à-dire que nous limitons la réalité à ce que l'on peut en voir et en mesurer. C'est parfois l'approche de la psychologie : on analyse le psychisme comme un objet, mais, ce faisant, on risque de réduire ou d'occulter ce qui fait la profondeur, l'intériorité, le mystère de l'être humain. Nous le savons bien, si nous sommes engagés dans un travail sur nous-mêmes. Il y a en nous un lieu qui est absolument unique qui est de l'ordre du mystère pour nous et pour les autres. Même si ce travail psychologique est un travail de croissance pour nous, ce lieu-là nous appartient et relève en même temps de l'au-delà. L'erreur serait de réduire la vie intérieure à une démarche purement psychologique. Il peut être nécessaire de suivre un traitement psychothérapeutique, mais cela ne remplace pas le chemin de l'intériorité. Il faudrait donc regarder en dehors comme on regarde en dedans, c'est-à-dire avec ce regard qui va au-delà de l'apparence des choses. « Voir l'infini dans le fini des choses et l'éternité dans l'instant qui passe » (Goettmann). Nous sommes habités par une réalité qui renvoie au-delà du visible, qui nous dit qu'il y a plus en nous.

À nous de l'expérimenter, dans la mesure où nous nous engageons sur un chemin d'intégration et de détachement. L'intégration concerne notre façon de dépasser la dispersion pour nous recentrer sur nos profondeurs. Le détachement de la simple satisfaction des besoins est la condition pour libérer en nous un espace où peut se déployer le désir. C'est lui qui nous ouvre à l'au-delà qui est aussi en nous. Nous nous sommes engagés progressivement dans un travail sur le corps et une pratique de la méditation. De même, nous voulons pacifier le mental, par un travail non pas de pure rationalité mais de réflexion en profondeur qui fait aussi appel à l'intelligence, mais autrement. Ignace de Loyola, qui sera présenté plus loin, insiste beaucoup sur la relecture du quotidien afin de discerner l'action de Dieu en toute chose[5]. Petit à petit, nous trouverons notre place dans le monde, un sens nous sera donné et nous pourrons, dès maintenant, faire une certaine expérience de la plénitude. Nous pouvons y prétendre et connaître de grands moments de paix, de sérénité, de réconciliation, de communion avec nous-même, les autres, le cosmos, notre Dieu. Saint Irénée de Lyon disait : « La gloire de Dieu, c'est l'homme vivant et la vie de l'homme, c'est la vision de Dieu »[6]. Dans les grandes traditions, le mal dans le monde est souvent perçu comme le résultat de la distorsion de la relation à soi-même, à l'autre et au divin.

En abordant dans cette optique les *trois détresses*, l'angoisse de la mort, le désespoir du non-sens et la solitude, nous allons découvrir qu'il y a une vie en nous, qui ne vient pas de nous. Nous découvrirons que notre monde n'est pas un chaos, qu'il y a de l'ordre dans le cosmos et que nous y occupons une place unique. Dans cette démarche, ce n'est pas le petit moi qui revendique, qui veut faire le malin, qui apportera la réponse en comptant sur ses propres ressources. C'est notre moi profond, qui est relié à la source, dans le coeur profond. C'est lui qui peut nous révéler notre juste place dans l'univers. Nous allons découvrir progressivement, grâce à la pratique de la méditation, comment ces trois aspects de la détresse fondamentale vont s'approfondir et recevoir une réponse.

Je désire indiquer maintenant comment la tradition chrétienne peut interpréter cette expérience existentielle en référence à sa conception de Dieu, Créateur et Père. C'est ce qui fait sa spécificité par rapport aux autres grandes traditions religieuses. Dieu y est perçu à la fois comme unique et en relation. Seul Dieu est Dieu, mais Il prend différents visages. Il est unique mais Il se décline en trois personnes, qui en révèle chacune une dimension inséparable des autres : Père, Fils (Christ) et Esprit. Ce n'est pas ici le lieu d'exposer cette doctrine complexe, mais bien d'indiquer comment les trois personnes divines sont concernées par la réponse donnée aux trois détresses.

Ceux qui, parmi les lecteurs, sont de tradition chrétienne les retrouveront avec un sens particulier, éclairé par l'Écriture. Lorsque je dis, à propos de la peur de la mort, qu'il y a une vie qui ne vient pas de moi, *il s'agit de la relation au Dieu Père* et Créateur qui est source de vie au-delà de la mort. Quand il est dit que la vie humaine n'est pas faite de non-sens, que nous ne sommes pas dans le désespoir de l'absurde, qu'il y a une lumière ; quand je parle d'un ordre des choses qui concerne le cosmos lui-même, il s'agit de la Parole, du *Christ* qui est parole et lumière. Au moment de la création, il était déjà la Parole qui créait toute chose. « Tout fut par lui et sans lui rien ne fut. [...] Il était la lumière véritable qui éclaire tout homme venant dans le monde[7]. » Dans le livre de la Genèse la création est réalisée par distinctions : Dieu nomme en donnant sa juste place aux choses dans le cosmos (le ciel et la terre, les continents et la mer, les animaux, les végétaux, et pour finir, l'homme...). Le Verbe divin est à l'origine de l'organisation du monde, de même qu'il est source de lumière[8]. Enfin par rapport à la solitude, nous découvrons dans la pratique de la méditation, que le souffle recrée l'unité en nous, l'harmonie en lien avec la totalité. Il nous introduit à une autre façon de vivre la relation. Ce souffle vivant et mystérieux, dans la tradition judéo-chrétienne, c'est la *ruah*, comme on dit en hébreu. C'est *le souffle divin* pour les juifs, *l'Esprit Saint* pour les chrétiens. Quand nous respirons en profondeur, nous accueillons, dans le souffle, l'Esprit. Dieu est le souffle de l'homme car, pour créer Adam, pétri de la poussière, Il souffle sur lui. Bref, toute la Trinité, le Père, le Fils – Lumière et Verbe – et l'Esprit, est présente dans la réponse chrétienne aux trois détresses. Grâce à la pratique de la méditation, ceux qui ont des références chrétiennes peuvent vivre cette expérience dans cette perspective. Les autres peuvent entrer dans la démarche de la méditation avec d'autres références, en lien avec d'autres traditions, ou, plus simplement, en s'engageant librement sur la voie qui est la leur pour le moment.

Nous pouvons donc comprendre que la démarche proposée ici va bien au-delà d'un exercice de bien-être physique. Même si le bien-être, la détente sont aussi le résultat de ce travail. En parcourant ce chemin, en étant présents à nous-mêmes et au souffle qui passe en nous, nous allons progressivement vivre une expérience de détachement. Nous allons prendre de la distance par rapport à l'angoisse de la mort, au désespoir du non-sens et aussi à cette solitude. Parce que, par ce mouvement de respiration profonde, nous lâchons prise, nous dénouons des liens et nous vivons une libération. Nous entrons dans des relations nouvelles. Petit à petit, nous expérimenterons une communion avec d'autres et en comprendrons mieux le sens. Plus loin, nous indiquerons comment la tradition chrétienne conçoit la responsabilité de la personne comme une collaboration entre sa liberté, sa volonté et la grâce de Dieu sans laquelle il ne peut s'en sortir et qui ne lui manque jamais. Celle-ci ouvre à une plénitude indéfinissable, une joie impensable, imprenable, qui, pour cette tradition, est le salut apporté par le Christ.

QUESTIONS - RÉPONSES

➢ L'Être dans l'instant

– Comment peut-on vérifier que l'on progresse dans la pratique de la méditation ?

Il y a une sorte de lucidité dont on fait l'apprentissage progressivement. On se rend compte qu'on est dans une grande détente, une très grande présence. Quand on est dans l'instant, à ce moment-là on est présent à soi, présent au présent, on est dans le calme, loin de la distraction et du sommeil. Ces techniques peuvent nous amener à sommeiller mais ce n'est pas le but. Il faut être vigilant. On est dans le rythme de notre temps intérieur, temps de nos profondeurs qui n'est pas celui de la précipitation. Je crois que c'est très important d'être patient avec soi-même dans ces exercices, de prendre le temps parce que le temps ne respecte pas ce que l'on fait sans lui. Il y a un moment où les bruits extérieurs n'ont plus d'importance et s'ils reviennent, ils disparaîtront quand on revient à la respiration consciente. Il faut toujours revenir dans cet état de présence et de lucidité, on n'y reste pas en permanence. Nous sommes continuellement parasités soit par les bruits extérieurs soit par notre petite vidéo intérieure et nous avons besoin d'un lâcher prise permanent.

– Quand je médite, est-ce que je peux dire que je prie ?

La notion de prière renvoie à une relation. Prier, c'est établir une relation avec une personne, Un Dieu unique, une divinité, un saint, ou même un esprit pour des traditions anciennes. Quand vous êtes dans un état de recueillement, vous vous situez dans le présent qui est en même temps une présence à vous-même et, éventuellement, à un Autre. Suivant la tradition spirituelle à laquelle vous vous référez, vous pouvez considérer que l'accueil du souffle et ce recueillement sont déjà un acte de prière. Tout dépend du sens que l'on donne à la méditation, comme nous l'avons vu précédemment. Donc, la prise de l'assise méditative et la détente ne sont pas qu'une préparation à la prière, à une rencontre, à l'intériorisation d'un texte choisi. À la fin de notre parcours, lorsque nous aurons pris l'habitude d'entrer dans ce grand calme, il nous sera proposé d'entendre un texte saint, que nous accueillerons sans doute d'une façon nouvelle, parce que nos oreilles et surtout notre coeur seront préparés à écouter autrement. Par ailleurs, si je reçois le souffle d'un autre que moi, que je reconnais à la fois comme mon créateur et mon Père, dans le mouvement même de l'apaisement, il y a déjà une façon de me recevoir et de m'abandonner à un Autre. Quand je dis : « je me lâche, je me donne, je m'abandonne, je me reçois », sur le rythme de la respiration, je peux entrer dans un véritable acte d'amour, d'abandon et de confiance. Pour certains ce sera essentiellement un mouvement de détente, de lâcher prise et de pacification de leur personne – corps, affectivité, mental – parce qu'ils ne vivent pas une relation explicite à Dieu. Ils donneront un autre sens à leur démarche qui peut aussi être une façon de vivre au niveau des profondeurs. Nous parlerons plus loin de la spécificité de la prière chrétienne.

Notes

1. Cité par Alphonse et Rachel Goettmann, *op. cit.*, p. 47-48. Graf Dürckheim a engagé toute sa vie à essayer de réconcilier les traditions mystiques de l'Extrême-Orient et de l'Occident chrétien, entre autres en proposant une voie initiatique qui s'enracine dans des pratiques de méditation.

2. *Ibidem.*

3. Nous puisons ici dans l'interprétation d'Alphonse et Rachel Goettmann (*op. cit.*).

4. Cité par Alphonse et Rachel Goettmann, *op. cit.*, p. 51.

5. Voir plus loin, aux chapitres 10 et 11.

6. Irénée de Lyon, *Adversus Haereses*, IV, 20, 7.

7. Évangile de Jean (Prologue) 1, 3.9.

8. Genèse, chapitre 1.

Chapitre VI

MÉDITER POUR VIVRE PLEINEMENT

Sur le chemin que nous parcourons, nous sommes mobilisés et rejoints dans toutes les dimensions de notre être : physique, psychique, spirituel. Il se fait un travail de transformation, ce qui ne signifie pas que nous devenons quelqu'un d'autre, mais que nous devenons de plus en plus nous-même. Progressivement, nous passons de l'extériorité à l'intériorité, nous passons du moi superficiel – le petit moi – au moi profond.

Une source unique et inépuisable

Souvent, nous vivons notre moi, notre identité, en fonction du regard des autres ou de ce que nous supposons être leur regard sur nous. Alors, nous nous comportons en fonction de ce regard, du jugement supposé, soucieux de l'image que nous pensons devoir donner de nous-mêmes pour être acceptés. Or, ce n'est pas forcément l'expression de l'être profond que nous sommes. Le chemin proposé ici, s'il est vécu à un certain niveau de profondeur, nous fera peut-être découvrir que nous sommes « un autre ». Cela ne signifie pas que nous ne nous connaissons pas ou que nous jouons la comédie, ou que nous vivons un dédoublement de notre personnalité. Mais notre moi profond est plus riche que ce que nous en percevons et en montrons aux autres. Nous vivons peut-être sur une illusion à propos de qui nous sommes réellement. L'être que nous sommes est plus beau, plus riche, plus libre, rempli de plus de devenir et de possibles que ce qui nous a peut-être été renvoyé pendant notre enfance, par notre éducation et dans certaines relations. Nous savons qu'il y a des gens qui possèdent un art extraordinaire de mettre le doigt sur nos fragilités et nos faiblesses. Elles se croient très lucides, à ces moments-là. Pourtant, savoir regarder ce qui est beau chez l'autre et pouvoir le confirmer sans en être jaloux, c'est assez rare. Donc, nous sommes souvent doués pour souligner ce qui ne marche pas bien chez les autres, mais beaucoup moins créatifs lorsqu'il s'agit de les confirmer dans leur richesse. C'est pareil pour nous-mêmes... Aimer les autres *comme soi-même*... quel programme ! Alors, essayons de faire des évaluations – même en ce qui nous concerne – en commençant par le positif. Positiver, ce n'est pas nous regarder avec vanité, positiver ce n'est pas une sorte d'introspection complaisante. Cela peut être une façon de rejoindre qui nous sommes en profondeur. Après avoir créé l'homme, Dieu dit que « cela était très bon »[1]. Quand nous rejoignons qui nous sommes en profondeur, nous découvrons des merveilles en nous. Nous recelons des potentialités souvent non identifiées, non libérées, ce n'est pas sans raison que nous parlons de *retrouver la source intérieure*. Ces richesses découlent aussi de notre source intérieure. Vouloir libérer cette source, c'est d'abord prendre conscience quelle est en partie obstruée. C'est déjà une première étape que de reconnaître qu'il y a une source en nous. Elle se manifeste différemment pour chacun. Il n'y a pas deux sources identiques dans la nature. Chaque source jaillit de façon particulière : entre les rochers, les plantes, au pied d'un arbre, dans du calcaire, du grès... C'est pareil pour nous, car notre coeur est unique.

Nous sommes invités à retrouver notre source singulière, après avoir identifié que nous en avons une, à accueillir ce qu'elle nous dit, à entendre son murmure, ce qui n'est possible que dans le silence. Et puis, quand nous parlons d'un chemin d'intériorité, nous disons bien que c'est un *chemin*, ce qui implique que nous acceptions de nous mettre en route à la découverte de nos profondeurs. C'est nous mettre en chemin vers une réalité essentielle que nous allons découvrir en avançant. *La réponse est déjà dans le fait d'être en route.* Nous mettre en chemin, quitter nos certitudes, attendre l'inattendu, c'est déjà être sur le chemin d'une réponse[2].

En psychothérapie, on sait que lorsque quelqu'un décide de commencer un traitement, il est déjà en voie de guérison. Donc, si nous pratiquons régulièrement les exercices de méditation, ne fut-ce que dix minutes par jour, c'est que nous avons déjà découvert une réalité qui nous donne vie. C'est que nous sommes déjà en contact avec notre source. Nous avons commencé un chemin de transfiguration ou de transformation. Il ne s'agit pas de changer d'identité, mais de retrouver qui nous sommes en profondeur et de découvrir ainsi notre véritable désir. Nous connaissons nos besoins, les animaux aussi, mais notre véritable désir, c'est autre chose. Ce désir va bien au-delà du besoin et il n'est jamais totalement assouvi. Nous avons vu que le désir est une béance, une ouverture, comme le sillon creusé par le soc de la charrue en vue de l'ensemencement, en attente d'une créativité. Quand nous découvrons que nous sommes aussi un autre nous nous rendons compte que la vie est une expérience passionnante. C'est la découverte infinie d'un mystère qui est à la fois dans mes profondeurs les plus cachées et qui m'englobe, parce que le divin est à la fois immanent et transcendant.

Être sur un chemin de désir, c'est parcourir un chemin de sainteté, sainteté non pas dans le sens des statues en plâtre qui sourient, doucereuses, sur certains de nos autels, mais sainteté dans le sens d'unification de notre être profond, ce qui est très différent de la perfection. Nous l'avons vu, dans une recherche de la perfection, nous sommes dans le besoin, le besoin d'être quelqu'un, d'être meilleur que les autres. Nous nous fixons des objectifs vis-à-vis desquels nous ne sommes jamais à la hauteur, et nous ne sommes plus libres. Nous nous épuisons dans nos tentatives de réaliser une image idéalisée de nous-mêmes, qui est inaccessible. On retrouve cela dans un certain « héroïsme chrétien ». Alors nous nous sentons humiliés par nos échecs ou notre péché. Tandis que la sainteté, c'est l'accueil du quotidien, c'est l'accueil de nos fragilités sous le regard de Dieu et avec sa force. Un pas après l'autre, nous essayons de continuer à aimer, à entrer en relation, à nous laisser aimer au présent. Dans ce domaine, en nous appuyant sur la grâce, nous pouvons aller plus loin ! La sainteté est humble, elle est pour maintenant. Tandis que pour la perfection, nous avons toujours l'impression de ne jamais l'atteindre et alors, nous sommes découragés et nous n'arrivons pas à nous unifier.

Revenons aux trois détresses fondamentales de l'homme, la peur de la mort qui suscite l'angoisse, le sentiment de l'absurdité de la vie et la solitude comme isolement des autres. Nous disions que la peur de la mort est d'autant plus angoissante que dans notre société nous n'avons pas le droit d'en parler. Parlons-en encore. Dans un colloque sur « Qu'est-ce que guérir ?3 », des soignants qui travaillaient, entre autres, dans des unités de soins palliatifs ont fait part de leur expérience. Une dame témoignait d'un travail de vingt années dans un service de réanimation cardiaque. Elle disait : « Il y a des moments où une certaine pudeur mal placée fait que nous volons leur mort aux gens. » C'est une réalité bien connue. Personnellement, je parlerais plutôt du « mourir ». Je préfère ce mot parce qu'il me paraît beaucoup plus vrai que celui de mort. La mort donne l'impression d'une fin et d'un moment ponctuel ; le mourir est un acte, un processus. Le mourir c'est aussi une dimension de la vie, que nous avons à assumer au quotidien. Nous avons continuellement des deuils à traverser. Quand nous comprenons que le mourir fait partie de notre vie, qu'il n'est pas une fin, nous découvrons qu'il peut aussi être un lieu de nouvelle naissance. Nous pouvons approcher cette vérité autrement qu'avec angoisse. La peur de la mort génère l'angoisse, mais cela n'empêche pas le travail sur le mourir et l'acceptation des petites morts quotidiennes. Il y a viscéralement en nous quelque chose de très fort à propos de la mort, qui n'est pas simple à gérer. Nous verrons aussi que quand nous arrivons à cette intégration progressive de notre personne, le viscéral trouve sa juste place et n'envahit plus. C'est un émotionnel qui est repéré, identifié et que l'on peut essayer d'apprivoiser. Je dis bien essayer !

Une autre conséquence de cette rupture qui est en nous, lorsque nous ne sommes pas unifiés, c'est une impression d'absurdité de la vie. Quand nous ne voyons plus de sens, ni d'ordre, ni de lumière dans le monde ou dans notre vie, ce sentiment d'absurdité devient une détresse et nous savons qu'elle mène certains au suicide. Quand je vois les statistiques, je suis frappé par le nombre de personnes âgées qui se suicident, sans doute parce qu'elles vivent un sentiment d'inutilité. Je crois que le drame des personnes âgées ou diminuées, c'est le sentiment de devenir inutile. « Puisque je suis inutile et que je deviens une charge, il vaut mieux que je disparaisse, car cela va soulager tout le monde ». À cette idée, elles vivent des peurs terribles, un vertige...

Puis, il y a la solitude dans le sens d'isolement. Nous en faisons tous l'expérience à un moment ou l'autre de notre vie. Je ne parle pas ici de la bonne solitude, celle qui est nécessaire pour garder un équilibre. Ceux qui vivent ou ont vécu en couple, ou en communauté, font l'expérience que ce qui permet la relation, c'est la distance et non pas la confusion ni la fusion. Garder la distance juste, pour un couple, c'est être à la fois intime et autonome, et cette autonomie suppose une dimension de solitude. Dans le contexte des détresses, nous prenons la solitude dans le sens d'un isolement, où nous sommes coupés des autres parce que nous nous sommes renfermés sur nous-mêmes, que nous avons voulu mettre la main sur ce que nous croyons être notre singularité, ou sur ce que nous croyons être notre identité. Quand nous sommes continuellement à la recherche de la satisfaction immédiate de nos besoins ou de la valorisation de l'image que nous avons de nous-mêmes, (celle qui nous plaît, que nous avons appris à mettre en valeur) nous risquons de nous replier sur nous-mêmes. Nous ne sommes pas toujours conscients que, depuis notre enfance, nous avons découvert par expérience qu'en mettant en avant une certaine qualité réelle, nous arrivions à être bien acceptés. Depuis lors, dans nos relations, nous avons pris l'habitude de mettre cette qualité particulièrement en avant. La difficulté, c'est que nous occultons de ce fait de vraies richesses et d'authentiques qualités. Peut-être parce que l'on s'est trop moqué de nous à cause d'elles ou que nous n'avons pas pu en prendre conscience. Il arrive un moment où nous étouffons, car il existe en nous plus que ce que nous acceptons de montrer. Nous sommes aussi un autre et ce chemin d'intériorité est un chemin d'émerveillement devant la beauté de l'être que nous sommes. Nous ne sommes peut-être qu'une fleur en bouton dans certains domaines et nous n'avons pas encore pleinement déployé notre corolle. Bref, il existe une réponse à ces trois détresses. Elles ne sont pas fatales.

La méditation : source de force, de lumière et d'amour

La pratique de la méditation va nous aider à découvrir qu'il y a en nous une force, une lumière et une source d'amour. La force est une réponse à l'angoisse. Elle nous parle d'une vie qui nous fait comprendre que la mort n'a pas le dernier mot. Ensuite, progressivement, par ce chemin d'unification, par cette paix, par ce regard intérieur, par ce sourire des yeux, nous découvrons que le monde n'est pas un non-sens, une absurdité. Il existe un ordre dans le monde que nous avons à redécouvrir, un sens qui nous est donné grâce à une lumière ; elle est présente parmi nous et notre regard lui-même peut devenir lumière. Il arrive que notre regard soit surtout dirigé vers nos obscurités intérieures. Alors, nous pouvons poser un regard sur l'autre qui nie ce qu'il a de beau en lui et qui nous dérange parfois. Nous sommes un mélange de lumière et d'ombre, il dépend aussi de nous que la lumière l'emporte sur le non-sens.

La troisième dimension que nous découvrons sur un chemin de lâcher prise, c'est que nous sommes reliés au reste du monde, aux autres, à une réalité transcendante. La réponse à la solitude, dans le sens d'isolement, c'est notre capacité d'aimer, d'être aimé, qui gît en nous comme un potentiel trop peu exploité. Nous ne l'avons peut-être pas totalement découvert. Cette prise de conscience est sans doute une condition pour retrouver notre source intérieure.

Il est donc important de prendre conscience qu'effectivement à certains moments de notre vie, nous sommes habités ou menacés par une de ces détresses. Cela fait partie de notre condition humaine, car nous sommes des êtres finis, limités, toujours en devenir. C'est pour cette raison que nous sommes invités à nous engager sur un chemin d'unification. En effet, à l'origine de ces trois détresses, il y a quelque chose qui n'est pas unifié en nous, qui est divisé, cette distorsion provoque les détresses.

Quelle réponse la méditation peut-elle nous apporter ?

Face à l'angoisse de la mort, nous découvrons qu'il y a une vie qui est en nous et qui ne vient pas de nous ; il existe une source qui donne la vie. Cette Vie est un don du Créateur duquel chacun est appelé à se recevoir.

Face au sentiment d'absurdité, nous découvrons que le monde n'est pas un chaos, mais qu'il est un cosmos. Ces deux mots-là sont d'origine grecque. Le chaos, c'est le mélange informe ; le cosmos, c'est l'ordre du monde. Les bouddhistes appelleront cet ordre le *dharma*. Pour la tradition chrétienne, il provient d'une Parole qui donne la forme en même temps que l'être. Chacun y est appelé par son nom. Il y a de l'espace pour chacun et dans cet ordre du monde, j'ai une place unique. Personne n'est né par hasard. Il existe, dans l'Apocalypse, une parole qui dit qu'un caillou blanc est remis à celui qui a été fidèle et sur lequel est inscrit un nom que lui seul peut connaître[4]. Chacun de nous est concerné par son caillou blanc : nous avons à découvrir le nom qui est écrit dessus. C'est notre chemin qui nous apporte la réponse. Je suis unique et irremplaçable dans ce monde et c'est pourquoi il n'est pas absurde ; je ne suis pas, comme le disait Sartre, un être jeté à la surface de ce monde sans raison d'exister, une « passion inutile ».

Enfin, à propos de la solitude, nous découvrons que nous sommes profondément reliés à d'autres personnes, à notre entourage, au cosmos. Pour certains, seule l'appartenance à une communauté vivante peut représenter la bonne réponse. C'est le souffle de Dieu qui réalise l'harmonie en nous et dans l'univers. C'est l'énergie vivifiante de l'Esprit qui réalise l'unité de l'être du monde.

Dépasser la détresse par la pratique de la méditation

Quand nous prenons la posture, ce qui peut nous unifier ce sont les paroles proposées : « je me lâche, je me donne, je m'abandonne, je me reçois ». On peut aussi dire : « se lâcher, se donner, s'abandonner, se recevoir » ou « renaître ». Dans l'étape où nous nous lâchons, au début de l'expir, il y a déjà quelque chose de l'ordre du *dépassement de l'angoisse* de la mort : j'ose me lâcher. Quand nous disons : « je me donne » puis « je m'abandonne », nous dépassons aussi *l'absurdité*, parce que nous communions à un certain ordre du monde, de la création, et nous lâchons prise par rapport à notre « petit moi » qui se disperse. Ensuite, dans le « je m'abandonne », il y a un dépassement de la *solitude*, parce que la solitude, c'est le repli et le renfermement sur soi-même. Dans le « je m'abandonne », je sors de l'enfermement. Enfin, la libération de la source vient quand « je me reçois ». Libéré de l'angoisse, de l'absurdité et de l'isolement, je peux renaître à une vie nouvelle grâce à ce retour à mes profondeurs. Tout cela, bien sûr, ne se réalise que progressivement, et dans la durée.

« Je me lâche, je me donne, je m'abandonne » ; je dépasse l'angoisse, je vais au-delà de l'absurdité, je suis libéré de la solitude et je peux renaître. Il y a quelque chose de véritablement reconstructeur, de transformant, un chemin de transfiguration, ce que Graf Dürckheim appelle « la roue de la métamorphose », et que l'on retrouve ici, avec les étapes de l'expiration et de l'inspiration. Le mot métamorphose est la traduction grecque du mot transfiguration, transformation. Pour un chrétien, la transfiguration n'est pas que le résultat d'un travail personnel, c'est le résultat de l'action de l'Esprit de Dieu. Ce travail nous prédispose à l'accueillir dans notre liberté humaine. Nous verrons le sens que lui donne la tradition chrétienne.

Nous pratiquons cet exercice comme un acte de méditation, c'est-à-dire d'intériorité. Nous percevons ici le lien étroit entre les dimensions physique et psychologique, jusqu'aux conséquences spirituelles de cette démarche. Dans le fait d'expirer à fond jusqu'à l'apnée puis d'inspirer en plénitude, se vit une forme de libération intérieure dans le grand apaisement des sens, de l'affectivité et du mental. Il est important de laisser la respiration revenir sans aucun souci de performance, sans forcer. Déjà en acceptant de vider complètement nos poumons, il y a quelque chose de l'ordre d'une démaîtrise qui peut nous aider à nous libérer de l'angoisse de la mort.

Parfois, nous pouvons ressentir une oppression dans la poitrine au niveau du plexus, là où nous somatisons nos peurs, nos angoisses. Nous sentons alors comme une main qui nous agrippe au moment où nous pensons à une souffrance du passé ou à un avenir qui risque d'être douloureux. Alors, dans la respiration, essayons de lâcher prise par rapport à cet envahissement. Dans notre mental, quand ces idées nous reviennent, nous les écartons tout de suite. Nous posons les valises des regrets d'hier et des peurs pour demain. Inspirons profondément et laissons partir sur l'expiration tout ce qui nous encombre afin de revenir à l'instant présent, dans le ressenti, dans le souffle, dans l'orientation vers une Présence qui peut être Dieu pour certains d'entre nous. La peur de la mort, c'est la peur de ne plus respirer, c'est la peur de manquer : nous nous en dégageons. En pratiquant la respiration profonde nous nous enracinons dans notre intériorité. De même, notre gravité se situe au niveau du *hara*, de notre centre phrénique. Nous nous resituons dans l'instant. Nous pouvons alors faire l'expérience que nous ne sommes pas simplement ballottés au gré des vagues. Nous sommes, là, en ce lieu, fille, fils de la terre avec des racines qui plongent aussi ailleurs, et que nous pouvons retrouver quand nous nous posons dans le silence. Certains mettront l'accent sur la circulation d'énergie entre leur corps et la terre. Quoi qu'il en soit, nous pouvons redevenir des terriens, et en même temps être de plus en plus spirituels tout en étant enracinés dans l'espace et dans l'histoire. Là, face à cette peur de l'absurde, du non-sens et d'une absence de place dans l'univers et la société, nous pouvons nous positionner : « J'existe » et nous abandonner dans la confiance. Qui croirait que la gloire de Dieu, c'est que nous nous abandonnions ! Ce qui ne veut pas dire que nous démissionnions ! Quand nous sommes ainsi en relation avec nous-mêmes, les autres et le cosmos, en nous recevant aussi d'un Autre, nous pouvons nous accueillir nous-mêmes et percevoir que nous sommes en communion avec le reste de l'humanité.

QUELQUES CONSEILS PRATIQUES

➢ Être cohérent avec soi-même

Nous sommes-nous fixé un lieu et un moment auxquels nous nous tenons ? Peut-être avons-nous ressenti que lorsque nous passons régulièrement dix à quinze minutes à méditer, nous nous sentons revivre. Qu'en étant bien présents à l'instant, il y a quelque chose qui se passe en nous. Et nous sommes en relation avec le reste de l'humanité, parce que nous sommes enracinés dans la vie qui circule. Cette vie ne circule pas qu'entre nous et le cosmos mais avec tous ceux qui méditent et qui prient de par le monde. Certains entrent mieux dans la détente et dans le lâcher prise lorsqu'ils sont en groupe, parce qu'il y a un soutien mutuel qui aide à vivre l'assise en silence, sans qu'il soit nécessaire de parler. Ils perçoivent alors que la communion du groupe vient d'ailleurs[5].

Rien ne s'obtient sans effort, ce qui ne veut pas dire avec volontarisme ou crispation. Nous avons la capacité de décider et assez de volonté pour mettre en pratique nos décisions. L'important est la motivation et l'implication. Voici quelques questions.

Arrivons-nous à prendre la posture de temps en temps ? La nature humaine, comme le cosmos, ne se déploie qu'à travers des rythmes. Connaissons-nous nos rythmes ? Pouvons-nous y insérer un espace de présence à nos profondeurs ? Est-ce une priorité ou un loisir parmi d'autres ? Quels en sont les enjeux pour nous-mêmes et pour notre entourage ? Avons-nous chez nous un tabouret de prière ? Si nous en avons un, en le voyant, avons-nous envie de l'employer ? Nous sommes des êtres corporels et si nous n'avons pas de repères concrets, nous risquons de rester au niveau des bonnes intentions.

De l'enseignement proposé ici, nous ne comprendrons vraiment les implications que si nous faisons un minimum de pratique, sinon ce sera une démarche purement mentale. Par exemple : nous disons que, par rapport à la détresse et à la peur de la mort, le lâcher prise de l'expiration peut nous aider à dépasser cette peur. Si nous ne faisons jamais cet exercice de lâcher prise à la maison, nous ne recevrons qu'un enseignement théorique. Entendons-nous bien, ceci n'est pas la seule manière de méditer et tout le monde ne s'y retrouvera pas forcément. L'important, c'est d'être cohérent avec soi-même quand on croit avoir découvert des éléments de réponse pour avancer. Devenir libre, c'est choisir ce qui est bon pour nous et personne ne le fera à notre place. Il y a tellement plus de ressources en nous que ce que nous soupçonnons !

Je fais l'exercice régulièrement mais il m'est assez difficile au niveau du mental de réaliser ce lâcher prise.

Très concrètement : tâchez d'expirer le plus profondément possible en prenant une distance par rapport à tout contenu mental. Dans le lâcher prise, nous consentons à accepter de ne plus tout contrôler. Il est vrai que nous pouvons être dans une phase de la vie où il nous paraît presque impossible de nous abandonner, parce que nous traversons des épreuves trop lourdes à assumer. Nous n'arriverons peut-être pas à vraiment lâcher prise mentalement, mais il est important de continuer à pratiquer les exercices. Un des buts du travail que nous faisons ici, c'est de nous faire comprendre à quel point notre corps conditionne notre vie spirituelle et notre vie affective. Tant que nous n'entrons pas dans une démarche par rapport au corps, nous percevons des informations intellectuelles, nous ressentons des émotions, mais nous manquons de moyens pour les relativiser et pour nous pacifier.

Quant j'entends : « je n'arrive pas à lâcher prise donc je ne peux pas rentrer dans la démarche du corps », j'ai envie de répondre : « C'est peut-être l'inverse qui pourrait se passer, c'est peut-être précisément en apprenant à respirer autrement que le lâcher prise deviendra possible à d'autres niveaux ». Pendant un temps, contentez-vous de prendre la position, d'essayer de détendre votre corps, de laisser votre souffle se creuser. D'autres choses vous seront données parce que ce n'est pas un pur acte de volonté. Ce qui dépend de notre volonté, c'est de nous donner les moyens concrets en nous réservant de l'espace, du temps et en faisant un

minimum d'efforts pour nous souvenir des conseils pratiques donnés ici, en vue d'entrer dans la démarche. Restez attentifs à votre souffle et concentrez-vous. Surtout, ne forcez rien et ne vous crispez pas si vous n'obtenez pas les résultats escomptés. Il y a toujours un aspect ascétique de patience et de gratuité dans ce genre de démarche.

Il existe d'autres éléments importants qui entrent en ligne de compte et dont nous reparlerons. Il s'agit de notre mode de vie et de nos relations. Si nous ne cherchons pas à nous connaître un tant soit peu, avec nos potentialités, nos fragilités et notre histoire, si nous n'apportons aucun intérêt à notre façon de manger, de nous procurer le sommeil dont nous avons besoin, de maîtriser certains appétits, (nourriture, alcool, tabac). Si nous sommes engagés dans des habitudes, des passions peut-être, qui entraînent un dysfonction-nement dans notre vie, sans chercher à retrouver un équilibre, un chemin de sagesse, ce que nous faisons ici ne fonctionnera pas comme une potion magique ni une solution à tous nos manques de cohérence ou de responsabilité par rapport à notre vie quotidienne. Il en sera de même si nous entretenons des relations où nous sommes en dépendance vis-à-vis de quelqu'un, si nous refusons de pardonner (je ne parle pas des cas où c'est actuellement impossible malgré nos efforts réels), si nous entretenons la concurrence avec les autres, si nous cherchons à dominer et à exclure certaines personnes. L'accès à notre source intérieure risque d'être lourdement obstrué si nous refusons d'écouter les autres ou de regarder les signes que la vie nous envoie, en étant dans le déni, dans le narcissisme ou la toute-puissance. Il est des cas où il faut accepter un accompagnement psychothérapeutique ; pour certains cela peut être un accompagne-ment spirituel, pour d'autres, il s'agira de décider une bonne fois de « mettre leur vie en ordre » en prenant les moyens adéquats. N'ou-blions pas que le progrès dans la vie spirituelle ne relève pas de la recette ni de la technique ; c'est d'abord un choix de vie.

Notes

1. Genèse 1, 31.

2. Pour les « fils d'Abraham », appartenant aux trois grands monothéistes, c'est ce patriarche qui est le symbole de celui qui risque tout pour suivre l'appel à aller vers un pays qu'il ne connaît pas encore.

3. Colloque de l'ISTR de Toulouse, de janvier 2001, sur « Qu'est-ce que guérir ? À propos des dimensions culturelle et religieuse de la santé. » Les actes du colloque sont disponibles à l'ISTR [23, rue de la Dalbade, 31000 Toulouse, tél. : 05 61 53 25 12].

4. Apocalypse 2, 17 : « Au vainqueur [...], je lui donnerai une pierre blanche, et, gravé sur la pierre, un nom nouveau que personne ne connaît sinon qui le reçoit » (traduction de la TOB).

5. Dans la mesure du possible, méditer à quelques-uns, même dans le silence, est d'un grand secours pour la régularité.

Chapitre VII

UN CHEMIN DE TRANSFIGURATION

L'être humain peut-il vivre une expérience de plénitude parfaite ? N'est-ce pas être dans le rêve que de s'investir ainsi en vue d'atteindre un état d'unification utopique où l'homme nierait sa finitude, sa pauvreté ? N'y a-t-il pas le risque de fuir la dure réalité humaine, qui est inévitablement marquée par la fragilité, la maladie, la vieillesse, la mort ? L'homme a-t-il un jour connu l'immortalité et la béatitude ? Si c'est le cas, comment les a-t-il perdues ? Que doit-il faire pour la retrouver ? Ces questions sont réelles et se retrouvent dans toutes les cultures et toutes les religions. Le travail proposé ici ne vise pas à revenir à un ordre primordial paradisiaque, que celui-ci soit restauré par un effort humain ou par une intervention divine, ou par la collaboration entre les deux. Il ne s'agit pas non plus de parvenir à un état de perfection qui ferait de nous des êtres humains supérieurs. Il est plutôt question de prendre conscience de qui nous sommes, avec toutes nos dimensions, et donc avec nos limites humaines, afin d'accueillir le plus pleinement possible la vie qui est donnée. Parler ainsi, c'est déjà reconnaître que la vie ne vient pas de nous et qu'il existe une vocation humaine commune et essentielle que nous sommes invités à découvrir et à réaliser. Comme chacun de nous est unique, c'est de façon singulière que nous pouvons correspondre à cette vocation. Et comme il existe un grand nombre de cultures et de religions, nombreuses sont les conceptions du salut et les chemins pour y parvenir[1].

Quand l'homme ne se laisse pas aimer par Dieu

Voyons comment la question de l'origine humaine est posée par certaines religions, souvent à l'aide de mythes. L'histoire des religions montre que de nombreuses traditions expliquent les limites de l'être humain comme la conséquence d'une rupture avec Dieu qui a provoqué la perte de la béatitude paradisiaque. Cette rupture est le résultat d'une transgression, ce qui expliquerait le sentiment de culpabilité qui pousse l'homme à se concilier la bienveillance de Dieu et entretient en lui comme la nostalgie d'un paradis perdu.

Qu'ils soient de tradition chrétienne ou non, la plupart des Occidentaux connaissent le mythe d'Adam, qui provient de la Genèse. Dans ce fameux récit, qui est un mythe et non pas un événement historique, Dieu, après avoir créé l'homme et la femme, leur a confié la responsabilité du monde, en leur interdisant uniquement de ne pas toucher à l'arbre de la connaissance du bien et du mal. Un personnage maléfique, représenté par un serpent, leur a alors proposé de transgresser cet interdit, leur promettant de devenir des dieux. À ce moment-là, il y aurait eu une rupture avec Dieu, parce que les premiers humains auraient voulu prendre son pouvoir. Ce Dieu, ils l'imaginaient tout-puissant à la manière des religions païennes. Ce récit biblique vise à expliquer que ce que nous vivons comme division intérieure, aujourd'hui, serait dû à une rupture avec Dieu dès l'origine. Le mythe nous informe sur une réalité très profonde d'un point de vue anthropologique, puisqu'il cherche à exprimer la finitude de l'homme. Il apporte aussi un enseignement théologique, car il veut expliquer pourquoi et comment se passent aujourd'hui les relations entre l'homme et Dieu, depuis la Chute. Cette représentation est profondément archaïque car ce n'est pas seulement dans le judéo-christianisme ou dans l'islam que l'on rencontre ce genre de mythe. On le retrouve dans de nombreuses autres traditions anciennes.

J'ai moi-même rencontré des mythes africains, dans des sociétés non touchées par le christianisme ou par l'islam, qui racontent comment l'homme et la femme vivaient dans la proximité de Dieu. À partir du moment où l'homme n'a plus voulu se recevoir de Dieu, obtenir de lui la nourriture, la force ou la lumière et qu'il a voulu mettre la main sur Dieu, il s'en est coupé et a perdu la félicité primordiale[2]. Il y a eu rupture, éloignement de Dieu, solitude de l'homme, apparition de la maladie, de la mort. Quand l'homme veut prendre la place de Dieu, la violence et la mort entrent dans le monde. Ce récit rend compte d'un sentiment très profond, inscrit dans la mémoire de l'humanité, qui se décline de bien des façons à travers son histoire et que l'on retrouve en psychanalyse, par exemple.

Nous ne rencontrons pas les mêmes récits dans l'hindouisme ou dans le bouddhisme. Ces deux traditions enseignent que si l'être humain ne parcourt pas un chemin d'intériorité, s'il ne cherche pas à maîtriser ses passions, en vue d'une libération intérieure, il est soumis à des forces qui le tirent vers le bas, le divisent intérieurement et lui rendent impossible l'accès à la réalisation plénière. La conséquence en est la succession des renaissances (le *samsara*), dont la répétition ne peut être interrompue qu'à la suite d'un long chemin de libération, conditionné par la justesse de son attitude face à lui-même et au monde. Dans le bouddhisme, il est dit, à propos de l'origine de la souffrance, que ce qui empêche l'harmonie et la félicité pour l'homme, c'est une insatisfaction par rapport au présent, c'est un désir qui continuellement le taraude : acquérir ce qu'il n'a pas ou pleurer sur ce qu'il a perdu. C'est une conséquence de son incapacité à vivre l'attitude juste, à reconnaître que ce qu'il voit n'est en définitive qu'apparence. Ce qu'il pense exister dans la durée est en réalité impermanent, c'est-à-dire terriblement fugace. Dans les deux traditions, le résultat est le même : l'homme n'est pas capable d'adhérer au réel ni de vivre dans la sérénité à cause de l'illusion dont il doit se libérer.

Reprenons le mythe de la chute qu'on retrouve dans les trois monothéismes. En voici une interprétation chrétienne. En ce temps-là, juste après la création, l'homme et la femme jouissent de la vie divine. Ils font l'expérience d'une plénitude et d'un bonheur, *qu'ils ont reçus* de Dieu. C'est le fruit de la proximité avec leur Dieu. Ils jouissent de cette présence à Dieu, mais aussi à eux-mêmes et à l'ensemble de la création. Ils vivent dans une sérénité profonde qui est symbolisée entre autres par le fait qu'ils sont nus sans en avoir honte. Face à l'unique interdit, ils jouissent de la liberté reçue de Dieu. En outre, ils sont *comblés de tous ses autres dons* : la paix, la joie, la communion avec Lui... Dons qu'ils *reçoivent et accueillent*... Ils sont aussi *habités par la puissance de Dieu*, l'énergie divine qui leur permet de se déployer dans toutes leurs dimensions humaines et spirituelles. On peut dire que dans ce contexte, l'homme « réalisé », pour reprendre une expression bouddhiste ou hindouiste, est celui qui, en acceptant de se recevoir de Dieu, jouit de la vie divine, accueille la plénitude de ses dons et vit avec toutes les potentialités qu'il a reçues, sources de fécondité pour lui et son entourage.

Alors, que s'est-il passé ? L'homme a voulu devenir son propre Dieu. Ce que l'on appelle le péché originel, c'est le péché originaire, c'est-à-dire le péché qui menace chacun d'entre nous dans nos profondeurs. Il est la conséquence du fait que, puisque nous avons reçu la liberté, il nous arrive un jour ou l'autre d'être tentés de prendre la place de Dieu. Nous avons tant de mal à accepter de nous recevoir d'un autre, d'être simplement créature, d'être humblement dans la situation de celui qui se laisse aimer. L'homme originel, Adam, avec Ève, n'aurait donc pas supporté de rester dans sa situation de créature, il se serait opposé à ce qu'il vivait comme une dépendance. C'était en réalité une communion confiante avec le créateur qui lui était proposée, telle qu'on peut la voir entre un père et son fils ou sa fille, une relation de grande proximité. L'énigme de l'origine du mal est ainsi reliée à une interprétation aliénante de la relation filiale... La conséquence pour l'homme en est une extrême difficulté à aimer et surtout à se laisser aimer...

Dieu à la recherche de l'homme

La grandeur de Dieu – qui n'est certes pas de la toute-puissance – est, qu'il a laissé à sa créature la liberté de refuser de correspondre à son projet de « partenariat » par rapport à la création et de répondre à son alliance d'amour. Il a pris ce risque, il s'est rendu vulnérable. Le risque est toujours actuel, car il recommence l'aventure avec chacun d'entre nous, à chaque instant, puisque la création est continue. Le Dieu créateur que révèle la Genèse est aussi celui qui parcourt le jardin de l'Eden en appelant : « Adam, où es-tu ? ».

On peut interpréter la réponse de l'homme dans ce mythe de diverses façons. D'un point de vue psychologique, elle exprimerait le narcissisme de l'homme qui veut être tout-puissant, contrôler et dominer totalement sa vie et tout centrer sur lui-même. D'un point de vue moral, c'est l'orgueil, : « je n'ai rien à apprendre de personne, je suis parfaitement capable de m'en tirer tout seul ». Cela donne naissance à la solitude qui envahit l'homme quand il se replie sur lui-même. Ainsi dans ce geste où l'être humain a voulu mettre la main sur l'arbre de la connaissance du bien et du mal, il aurait voulu prendre le pouvoir sur Dieu. Il voulait jouir d'un état où il n'aurait plus besoin de recevoir de Dieu la connaissance, il la découvrirait par lui-même. Il définirait lui-même le bien et le mal. Ce qui est présenté ici comme un récit des origines évoque la tentation qui traverse tout être humain à un moment ou l'autre. Pourtant, la vraie question ne se pose pas en terme de pouvoir. Dieu ne se situe pas dans un rapport de concurrence, mais d'alliance avec l'homme. C'est ainsi que celui-ci a perverti la proposition divine. Ce n'est pas Dieu qui punit l'homme de son audace, mais l'homme qui récolte les fruits de son refus – ou de son incapacité – de se laisser aimer. Il s'agit moins de la vengeance de Dieu que de sa souffrance devant le rejet d'un amour offert gratuitement.

Dans ce récit, la faute de l'être humain serait donc d'avoir voulu *jouir de la vie divine sans Dieu*. Être « tout-puissant », posséder tous les dons et être seul, maître de sa propre vie. Créé à son image et à sa ressemblance, il s'est pris pour Dieu. Or, dire que l'homme a été créé à son image, c'est lui reconnaître une intelligence, une affectivité, une liberté, une autonomie, une volonté, une capacité spirituelle d'ouverture au divin. C'est ce qui exprime sa supériorité sur les autres créatures. Une ancienne tradition chrétienne, provenant des Pères grecs des premiers siècles, affirme que cette *image* de Dieu en l'homme ne pourra jamais lui être enlevée. Elle est indélébile, quel que soit le degré de déshumanisation d'un être humain ; bien qu'il existe des êtres profondément défigurés par la vie, la fidélité de Dieu est indéfectible. C'est pourquoi, dans une perspective chrétienne, l'homme restera toujours « sacré ». En dehors de Dieu, il n'y a pas d'autre réalité sacrée que l'homme. Le problème, c'est que, à la suite de la Chute, la *ressemblance* a été blessée, ainsi que l'harmonie dans l'homme. Même si cette marque de Dieu subsiste en nous, nous ne vivons plus comme des êtres divins, comme des êtres libérés, pour l'amour, pour la joie, pour la paix. *Donc le travail qui dépend de nous, c'est de renouer avec la ressemblance avec l'aide de l'Esprit.*

Le péché introduit ainsi un déséquilibre dans l'homme, une dysharmonie en lui-même et dans toute la création. Il n'est plus unifié, car son ancrage n'est plus en Dieu mais en lui-même. Il s'est coupé de sa source intérieure, il vit dans la superficialité et le divertissement. Sa conscience est divisée. Il a perdu la triple béatitude, il s'est coupé de la triple source : sa relation filiale avec le Père, la lumière du Fils qui éclaire tout être humain sur le sens de sa vocation singulière et l'énergie vivifiante de l'Esprit qui réalise la communion. Coupé de Dieu, à quoi arrive-t-il ? À la passion : il est complètement envahi par ses besoins, qu'il ne peut réfréner. Il risque de rechercher une valorisation de l'*ego* qui débouche sur la mort. Quand il ne cherche que lui-même et que l'objectif ultime de sa vie est d'être son propre maître, *l'homme débouche sur la mort*, sur l'autodestruction. De même, quand il veut tout conquérir par lui-même et tout contrôler, il perd le sens de la gratuité, *il débouche sur l'absurdité* car l'amour n'est plus reconnu. Lorsqu'il veut être lui-même à la source de tout, il a l'impression de ne déboucher sur rien d'autre que le non-sens. Enfin, lorsqu'il détourne les biens qui lui ont été donnés pour le service de Dieu et de ses frères, pour les utiliser pour lui-même et pour sa propre gloire, *il débouche sur la solitude* (prise dans le sens d'*isolement*). Nous retrouvons ainsi *les trois détresses fondamentales.*

Nous comprenons, à la lumière de cette interprétation du récit des origines, qu'il s'agit bien de la tentation de tout être humain dont il est question ici, à des degrés divers et sous des formes variées. Certains ne se retrouveront peut-être pas dans ce récit ni dans cette interprétation. Ce qui importe, c'est de prendre conscience que si nous vivons aujourd'hui un sentiment de division intérieure et si nous sommes habités par une soif d'unification et de libération, c'est parce que nous sommes des êtres de désir. Ce désir provient de notre origine divine qui nous pousse à revenir à Dieu quand nous nous en écartons, car la rivière ne peut s'écouler coupée de sa source. C'est aussi le désir qui nous creuse, afin que nous redécouvrions la ressemblance qui permet de dépasser la division provoquée par notre usage dévoyé (au sens étymologique) de notre liberté. La tradition orthodoxe met plutôt l'accent sur la divinisation de l'homme que sur sa restauration. L'homme est appelé à devenir Dieu, mais par grâce cette fois-ci[3]. Redevenus fils, filles bien-aimés, libérés de la superficialité et du divertissement, nous pouvons nous pacifier et nous unifier afin de vivre de la Vie qui nous est donnée gratuitement et que nous n'avons à accueillir, non passivement, mais en participant à l'oeuvre de Dieu dans le monde. Cette vie gracieusement offerte, c'est ce que la tradition chrétienne appelle la grâce, qui est donnée en Jésus-Christ. Sainte Catherine de Sienne lui faisait dire : « Fais-toi capacité, je me ferai torrent ». C'est la victoire du Ressuscité sur la haine et la mort qui en est la source.

Comment la méditation nous transfigure

Ce qui précède nous introduit à une manière spécifiquement chrétienne de vivre la méditation. Elle n'est pas seulement transformation profonde d'un coeur qui écoute et qui aime, mais configuration au Christ. En effet, le rythme de la respiration nous introduit dans le mouvement qui unit dans une communion inter-personnelle le Père, le Fils et l'Esprit. Nous devenons progressivement sembla-bles au Christ, fils, fille bien aimés du Père. C'est l'expérience d'une présence et d'une communion avec Celui qui a promis d'établir en nous sa demeure[4]. La conscience d'être créature nous rappelle que c'est de Dieu que nous recevons en permanence l'être et le mouvement. Nous expérimentons cette réalité à chaque inspiration, quand nous disons : « je me reçois », ou « je renais ». Nous sommes alors rendus à notre vraie identité, renvoyés à notre moi profond, relié au coeur profond d'où jaillit notre source intérieure. Notre centre n'est plus dans notre tête mais dans nos profondeurs. Dans ce mouvement de mort-résur-rection, chaque respiration résume le chemin à parcourir pour renaître en plénitude. Elle l'accomplit avec de plus en plus de densité. L'état méditatif devient un état permanent, une veille, que nous retrouverons plus loin avec la répétition du nom de Jésus.

Donc, ce que nous propose la méditation, c'est une libération de la dépendance de notre petit moi qui n'arrive pas à se recevoir d'un autre et de l'Autre, Dieu, sans que ce soit forcément un refus délibéré. Qu'est-ce qui va permettre que nous en sortions ? L'accueil de la *force*, l'accueil de la *lumière*, l'accueil de *l'amour*. Ce chemin que nous parcourons par la méditation va rejoindre les trois détresses et peut nous unifier en profondeur, nous permettre de retrouver la paix, l'unité, la communion. C'est quelque chose de très concret, comme nous le rappellent les quatre étapes de la méditation.

Quand nous disons « je me lâche », nous consentons à une pauvreté radicale où il n'y a rien à gagner et rien à perdre. « Être là simplement, et pourtant être riche de possibilités inépuisables [...][5]. » Maître Eckhart – mystique rhénan-flamand du XIVè siècle – dit que c'est dans cette pauvreté que l'homme redécouvre l'éternel qu'il fut, qu'il est et qu'il sera. C'est une réalité qui peut s'expérimenter physi-quement, charnellement, grâce à la pratique régulière de la médita-tion. Nous dépassons la peur de la mort, du temps qui passe, la peur de nous perdre pour entrer dans l'instant présent et faire le vide en nous. Nous entrons dans une détente profonde. Nous pouvons vivre d'autant mieux cette étape que nous nous établissons dans le « sourire des yeux »[6]. Ce qui est important, c'est de consentir à un dépouillement. En nous lâchant, nous laissons notre souffle s'en aller. Attention à bien prendre conscience de notre corps, de l'air qui s'en va ; alors, nous pouvons entrer dans une démarche de libération intérieure.

Dans le « je me donne », nous entrons dans une nouvelle étape, car la détente de la partie supérieure du corps ne signifie pas encore la décontraction de la partie inférieure. Petit à petit, cela devient un seul mouvement, des épaules au bassin. Nous approfondissons la libération de notre diaphragme, nous dégageons le ventre de ses tensions, nous vivons la détente dans les viscères, lieu de nos réactions instinctives, le centre phrénique, le *hara*. Quand nous sommes très émus, ou quand nous avons peur, c'est là que nous n'arrivons plus à respirer et que tout se coince. Dans le don de soi, il y a une libération des tensions dans un approfondissement du souffle. C'est aussi un chemin spirituel lorsque nous le faisons consciemment, avec le désir de nous délier de ce qui fait obstacle à la vie en nous, au niveau du ventre comme au niveau de nos profondeurs, dans une ouverture à l'Esprit. Nous avons parfois du mal à entrer dans le don et il faut peut-être que nous nous concentrions mieux sur notre souffle pour nous lâcher. C'est l'occasion de prendre conscience de nos crispations. C'est un relâchement progressif qui entraîne une détente, une décontraction du bassin, du ventre et qui a des effets physiques, psychologiques, spirituels, moraux. Je dis bien progressif, parce qu'on n'entre pas du premier coup dans ce type de respiration ; il faut du temps, une pratique, pour avancer sur un chemin de paix intérieure. « je me donne », c'est un mouvement de confiance radicale où nous lâchons notre sécurité et faisons un pas de plus dans un lâcher prise. Celui-ci est déjà une façon de nous laisser aimer par Dieu. C'est aussi une forme d'abaissement, de consentement à descendre profond pour construire haut.

Arrivés au « je m'abandonne », quand le mouvement de l'expiration se creuse et que la détente s'approfondit, tout s'arrête ; nous sortons du temps et de l'espace pour quelques instants de présence à l'éternel. Il s'agit de savourer ce moment d'abandon où la lumière l'emporte en nous sur les ténèbres. « La ténèbre n'est point ténèbre devant toi, la nuit comme le jour est lumière » aiment chanter les jeunes à Taizé, sur le psaume 139. C'est l'occasion d'un éveil à l'être profond que nous sommes, qui se reçoit de l'Être de Dieu. C'est le lieu de la recréation de notre identité d'enfant de Dieu. C'est dans ce creux que l'Esprit de Dieu peut être fécond pour faire de nous une créature nouvelle. « Voici que je dirige vers toi ma paix comme un fleuve ... », annonce le prophète Isaïe[7]. Dans cet espace de liberté, nous pouvons vivre la rencontre de nous-mêmes et la rencontre de Dieu. Le transcendant est présent dans l'immanence. Une telle expérience ne peut être ni programmée ni provoquée. C'est un don auquel on peut seulement se prédisposer. À ce moment-là, le petit moi laisse place à une conscience profonde de détente, de communion à la plénitude qui nous envahit. C'est une communion avec le cosmos, avec notre Dieu, avec notre être profond et le reste de l'humanité. Le *moi existentiel* quitte ses tensions pour rentrer dans le *moi profond*. Quelque chose d'un ordre nouveau naît dans cette démarche d'abandon.

Dans ces trois premières étapes, les *trois détresses fondamentales sont concernées*. La plénitude de la vie peut l'emporter sur l'angoisse de la mort, la lumière pénétrer en nous et nous libérer du sentiment de l'absurde et l'ouverture de nos profondeurs venir à bout de notre isolement. Dans une tradition hindouiste, on dira que c'est la rencontre avec le Soi, présence du divin dans l'homme. Dans une approche plus psychologique, c'est la rencontre de soi. Dans une démarche spirituelle, au sens chrétien du mot, il s'agit de la rencontre avec Dieu, de l'accueil de l'Esprit de Dieu qui nous envahit, lorsque nous lâchons prise. C'est vivre une ouverture à notre Père dont nous nous reconnaissons enfants bien-aimés. Nous pouvons alors, pendant un instant, rester en apnée, interrompre la respiration. Quand on a une certaine habitude, on peut rester jusqu'à dix, quinze ou vingt secondes dans cet état de vide respiratoire, vivant un instant où l'on se prépare à se recevoir de Dieu. En effet, ce n'est pas nous qui respirons, c'est l'Esprit qui respire en nous, le souffle re-créateur.

À la quatrième étape, le « je me reçois » nous incite à ne pas nous installer dans ce temps d'arrêt et à nous tourner vers la Source de notre source intérieure. « je renais » signifie que nous consentons à notre identité d'enfant bien aimé(e). Il ne s'agit donc pas d'une démarche fusionnelle où nous nous perdrions dans un grand Tout, mais d'un don et d'un accueil dans un amour infiniment respectueux de la liberté de l'autre. Un « Je » qui rencontre un « Tu » pour devenir un « Nous », dans la tendresse. Ici, notre expérience personnelle de l'amour – si nous avons eu la possibilité d'en connaître une – peut nous éclairer pour vivre une expérience divine. Arrivé à cette profondeur de libération, une grâce de renouveau peut être donnée. Nous renaissons après avoir laissé toute la place dans le creux de notre moi profond à Celui qui nous recrée. « De ce retour de tout nous-mêmes vers notre Origine, le silence primordial d'où jaillit toute vie, va naître maintenant un nouveau souffle. C'est une colonne de lumière, [...] une liberté dans la plénitude, libre du petit moi, de ses positions et masques, de ses sécurités...[8] »

Enfin, il faut que l'inspiration vienne d'elle-même Il est important de ne pas contraindre l'apnée : laisser simplement l'inspiration revenir, le souffle vient de lui-même. La profondeur et la qualité de cette renaissance peuvent dépendre de la vérité du lâcher prise, donc de l'aboutissement des trois étapes. Il est très important de ne pas forcer, à aucun moment ; de laisser le souffle nous traverser, sans chercher ni la performance, ni l'efficacité. Le résultat peut dépendre de l'expérience que nous avons acquise, aussi bien que du moment, de l'étape de notre vie et, bien sûr, de la grâce qui sera donnée.

Dans cette démarche, nous entrons dans un double consentement :
- consentement à ce que nous sommes : des êtres qui ne sont pas leur propre origine,
- consentement à qui nous sommes pour le moment, en nous acceptant avec réalisme.

C'est une voie de sagesse, d'adhésion à la réalité, même si nous n'en comprenons pas tout le sens. Dans ce grand mouvement de renaissance se fait une unification de notre coeur nouveau et une libération intérieure de notre petit moi crispé. Dans une interprétation chrétienne, c'est une expérience de salut, puisque Dieu est le souffle de l'homme, lui qui a insufflé son souffle en Adam. Accueillir le Souffle en plénitude lors de la quatrième étape, c'est revivre la création, la création de notre conception, de notre naissance, la création du monde. Dieu nous recrée par son Esprit, il nous recrée comme ses enfants. Il nous renouvelle et nous guérit. Cette démarche nous relie à la Trinité. Le Souffle qui nous recrée, avec notre coeur d'enfant, notre coeur filial, nous rend capables de dire : « Abba, Père ! »

La quatrième étape du cycle de la respiration aboutit dans le coeur de Dieu, du Père qui par son Esprit nous renouvelle dans notre identité d'enfant. À ce moment-là, nous sommes libérés de toute peur de Dieu. Nous sommes aussi libérés de la peur compulsive de la mort, de la fascination de l'absurde, du sentiment d'isolement que nous pouvons expérimenter lorsque nous sommes enfermés dans nos peurs, coupés de Dieu. Remis en relation avec Dieu, grâce à l'abandon et à la renaissance favorisés par la respiration profonde vécue dans l'Esprit, nous renouons avec notre identité authentique, sur un chemin d'harmonisation de toutes les dimensions de notre être.

Cette démarche comporte aussi une dimension universelle. En nous reconnaissant enfants bien-aimés d'un même Père, qui a aussi une dimension maternelle – la tendresse et la compassion –, nous devenons frères et soeurs. Nous reconnaissons que tous les autres humains sont aussi enfants du Père et nous en devenons donc solidaires, parfois aussi responsables, avec un amour de prédilection pour ceux qui ont le plus de mal à se laisser aimer.

QUELQUES RAPPELS PRATIQUES

➢ Trouver son rythme sans impatience

Quand vous prenez la posture pour méditer, veillez à garder la colonne bien droite. Rentrez légèrement le menton (par exemple en regardant le sol de façon neutre à environ un mètre devant vous) et vérifiez si vous ne vous êtes pas avachis, en repoussant un poids vers le haut avec l'arrière du crâne. Si, après un moment de méditation, vous redressez la colonne par ce mouvement, sans doute votre concentration s'est-elle relâchée. Revenez à la perception du corps et à la conscience du souffle. Reprenez les mots qui rythment la respiration. La tension juste est sans cesse à retrouver en relation avec le souffle.

Si vous ressentez des chatouillements ou des crampes, dans la mesure du possible, ne bougez pas mais relâchez la partie concernée en vous concentrant mentalement sur elle. Si vous constatez des douleurs dans la nuque ou entre les omoplates, surtout au début de la pratique, ne pensez pas trop vite que cela vient de la posture. Il est possible que la détente que vous expérimentez entraîne une prise de conscience de la façon dont vous somatisez les tensions. C'est un indice de plus des liens entre le psychique et le physique, qui conditionnent la vie spirituelle. Ne forcez pas. Si vous n'arrivez pas à vous décontracter, prenez une autre position, éventuellement faites un exercice de relaxation. Si vous vous sentez particulièrement rouillés, entre les temps de méditation, faites quelques exercices de gymnastique ou quelques postures de yoga, selon ce qui vous convient. Certains doivent réapprivoiser leur corps malmené par des années d'ignorance ou d'abus. Il y a aussi l'âge...

Dans tous les cas, ne vous impatientez pas, ne vous tendez pas, laissez venir ce qui est juste pour le moment. Pas de performance ni de volontarisme, mais de la régularité et de la vigilance. « Ni par puissance ni par force, mais par l'Esprit du Seigneur[9]. » Tâchez de trouver un rythme où les temps de méditation se situent à une égale durée les uns des autres, comme une scansion du quotidien. C'est peut-être l'occasion de vous interroger sur votre hygiène de vie et sur la place que vous accordez à la détente, à votre corps. Apprenez aussi à prendre conscience des tensions dans votre vie habituelle, qu'elles soient physiques (votre façon de vous asseoir, de marcher, ...) ou psychologiques (difficultés relationnelles, ...). En prendre conscience est la condition pour les dénouer.

Les distractions sont inévitables, ne vous en formalisez pas. Demeurer immobile et en silence semble contre nature au début, particulièrement dans nos sociétés occidentales. Le recueillement profond, l'unification de la conscience, demandent du temps et durent rarement en permanence. C'est une conséquence de notre distorsion intérieure. Sainte Thérèse d'Avila elle-même avait beaucoup de mal à méditer. Elle était très attentive à la posture corporelle et à la concentration. Il est important de revenir au moment présent, (ayant « déposé nos valises ») : je suis ici, maintenant, présent à moi-même et à une Présence. Quand une pensée ou un sentiment vous envahit, ne vous fixez pas dessus mais, au contraire, laissez-les se disperser comme un nuage qui s'effiloche dans le ciel. Revenez au souffle, au corps, au coeur profond. Ne vous appesantissez pas, ne vous énervez pas, ne vous culpabilisez pas. Soyez patients avec vous-mêmes, même si pendant un temps votre moment de méditation se réduit à essayer d'échapper en permanence à la distraction qui revient. Tout le monde passe par là. Notez cependant que l'insistance d'une pensée ou d'un sentiment peut représenter une invitation à ne pas éluder une question importante que vous occultez peut-être par un certain activisme...

Notes

1. Selon les traditions, « être sauvé » prend des sens très différents, d'après la façon dont la religion ou la culture conçoit la plénitude de la vie. Cela peut être des voies de sagesse, des chemins d'épanouissement. Il ne s'agit pas nécessairement d'être sauvé, mais d'être libéré ou « réalisé », par exemple.

2. Cf. par exemple le mythe Giziga (du Nord-Cameroun) raconté par René Jaouen dans *L'eucharistie du mil, Langages d'un peuple, expression de la foi*, Paris, Karthala, 1995, p. 18-19.

3. « Le Verbe de Dieu [est] devenu homme, afin qu'à vous encore ce soit un homme qui apprenne comment un être humain peut devenir Dieu », Clément d'Alexandrie, *Protreptique*, I, 8.

4. Jean 14, 23 : « Si quelqu'un m'aime, il observera ma parole et mon Père l'aimera ; nous viendrons à lui et nous ferons chez lui notre demeure. »

5. A. et R. Goettmann, *op. cit.*, p. 117 s.

6. Voir les exercices pratiques du chapitre 3.

7. D'après Isaïe 66, 12

8. A. et R. Goettmann, *op. cit.*, p. 124.

9. Chant du Renouveau charismatique.

Chapitre VIII

LA PRIÈRE DU COEUR (1)

Après avoir été initiés à une forme de prière centrée sur l'unification de la personne par l'attention au corps et au souffle, où nous avons puisé et réinterprété des pratiques inspirées de l'Extrême-Orient, tournons-nous plus directement vers la spiritualité chrétienne. Dans l'histoire du christianisme, on constate que, dans de nombreuses traditions, il existait un enseignement sur l'importance du corps et des positions corporelles pour la vie spirituelle. De grands saints en ont parlé, comme Dominique, Thérèse d'Avila, Ignace de Loyola... En outre, dès le IVe siècle, nous rencontrons des conseils à ce propos chez les moines d'Égypte. Plus tard, les orthodoxes ont proposé un enseignement sur l'attention au rythme du coeur et sur la respiration. Il en a surtout été question à propos de la « prière du coeur » (ou la « prière de Jésus », qui s'adresse à Jésus).

Cette tradition tient compte du rythme du coeur, de la respiration, d'une présence à soi pour être plus disponible à Dieu. Elle est très ancienne et puise dans les enseignements des Pères du désert d'Égypte. Ce sont des moines qui se sont donnés totalement à Dieu dans une vie érémitique (d'ermite) ou communautaire avec une attention particulière à la prière, à l'ascèse et à la maîtrise des passions. Ils se présentent comme les successeurs des martyrs, grands témoins de la foi à l'époque des persécutions religieuses, qui ont cessé quand le christianisme est devenu religion d'état dans l'empire romain. À partir de leur expérience, ils se sont engagés dans un travail d'accompagnement spirituel en mettant l'accent sur le discernement de ce qui se vivait dans la prière[1]. Plus tard, la tradition orthodoxe a mis en valeur une prière où des paroles tirées des Évangiles sont associées au souffle ou aux battements du coeur. Ces paroles viennent de l'aveugle Bartimée qui s'écrie : « Fils de David, prends pitié de moi »[2] et du publicain lorsqu'il prie ainsi : « Seigneur, prends pitié de moi pécheur »[3].

Cette tradition a été redécouverte récemment par les Églises d'Occident, bien qu'elle remonte à une époque antérieure au schisme entre les chrétiens d'Occident et d'Orient. C'est donc un patrimoine commun à explorer et à goûter. Il nous intéresse d'autant plus qu'il montre comment nous pouvons associer le corps, le coeur et l'esprit sur un chemin spirituel chrétien. Il peut y avoir des convergences avec des enseignements provenant de traditions de l'Extrême-Orient.

La quête du Pèlerin russe

Les *Récits d'un Pèlerin russe*[4] nous permettent d'aborder la prière du coeur. C'est par cet ouvrage que l'Occident a redécouvert l'hésychasme[5]. En Russie, il existait une ancienne tradition selon laquelle des gens, qui étaient attirés par un chemin spirituel exigeant, partaient à pied à travers la campagne, comme des mendiants, et étaient accueillis dans les monastères. Comme des pèlerins, ils allaient de monastère en monastère, à la recherche de réponses à leurs questions spirituelles. Cette sorte de retraite pérégrinante pouvait durer plusieurs années. L'ascèse et les privations y jouaient un rôle important.

Le Pèlerin russe est un homme qui a vécu au XIXe siècle. Ses récits ont paru vers 1870. L'auteur n'est pas clairement identifié. C'était un homme qui avait un problème de santé, un bras atrophié. Il était habité par le désir de rencontrer Dieu. Il circulait d'un sanctuaire à l'autre. Un jour, il entend des paroles, dans une église, provenant des épitres de saint Paul. De là a commencé un pèlerinage dont il a écrit le récit. Il s'y présente de la façon suivante :

> « Par la grâce de Dieu, je suis homme et chrétien, par actions grand pécheur, par état pèlerin sans-abri, de la plus basse condition, toujours errant de lieu en lieu. Pour avoir, j'ai sur le dos un sac avec du pain sec, dans ma blouse la sainte Bible et c'est tout. Le vingt-quatrième dimanche après la Trinité, j'entrai à l'église pour y prier pendant l'office ; on lisait l'Épître de l'Apôtre aux Thessaloniciens, au passage dans lequel il est dit : *Priez sans cesse.* Cette parole pénétra profondément dans mon esprit et je me demandai, comment est-il possible de prier sans cesse alors que chacun doit s'occuper à de nombreux travaux pour subvenir à sa propre vie ? Je cherchai dans la Bible et j'y lus exactement ce que j'avais entendu : *Il faut prier sans cesse[6], prier par l'esprit en toute occasion[7], élever en tout lieu des mains suppliantes[8].* J'avais beau réfléchir, je ne savais que décider. Que faire – pensai-je – où trouver quelqu'un qui puisse m'expliquer ces paroles ? J'irai par les églises où prêchent des hommes en renom, et, là peut-être, je trouverai ce que je cherche. Et je me mis en route. J'ai entendu beaucoup d'excellents sermons sur la prière. Mais ils étaient tous des instructions sur la prière en général : ce qu'est la prière, pourquoi il est nécessaire de prier, quels sont les fruits de la prière. Mais comment arriver à prier véritablement – là-dessus on ne disait rien. J'entendis un sermon sur la prière en esprit, sur la prière perpétuelle mais on n'indiquait pas comment parvenir à cette prière » (p. 19-20).

Le Pèlerin est donc très déçu, car il a senti cet appel à une prière permanente, il a écouté les sermons, et il n'a pas reçu de réponse. Il faut reconnaître que c'est un problème encore actuel dans nos églises. On entend qu'il faut prier, on est invité à apprendre à prier, mais, en définitive, les gens pensent qu'il n'existe pas de lieux où ils peuvent se faire initier à la prière, particulièrement à prier sans cesse et en tenant compte de leur corps[9].

Alors, le Pèlerin entreprend de faire le tour des églises, des monastères. Et il arrive chez un *starets*, – un moine accompagnateur spirituel – qui le reçoit avec bonté et l'invite chez lui. Il lui propose un livre des Pères qui lui permettra de comprendre clairement ce qu'est la prière et de l'apprendre avec l'aide de Dieu : la *Philocalie*, ce qui signifie en grec, l'amour de la beauté[10]. Il lui explique ce que l'on appelle la prière *de* Jésus qui est en fait la prière *à* Jésus. Elle est très ancienne.

Voilà ce que le *starets* lui dit :

> « La prière de Jésus, intérieure et constante, est l'invocation continuelle et ininterrompue du nom de Jésus par les lèvres, le coeur et l'intelligence, dans le sentiment de sa présence, en tout lieu, en tout temps, même pendant le sommeil. Elle s'exprime par ces mots : *Seigneur Jésus-Christ, aie pitié de moi.* Celui qui s'habitue à cette invocation, en reçoit une grande consolation et le besoin de dire toujours cette prière ; au bout de quelques temps, il ne peut plus demeurer sans elle, et c'est d'elle-même qu'elle coule en lui. Comprends-tu maintenant ce qu'est la prière perpétuelle ? » (p. 29).

Et le Pèlerin de s'écrier plein de joie : « Au nom de Dieu, enseignez-moi maintenant comment y parvenir. » Le starets poursuit : « Comment on apprend la prière, nous le verrons dans ce livre. Il s'appelle *Philocalie*. » Ce livre recueille des textes traditionnels de la spiritualité orthodoxe. Il choisit un passage de saint Syméon, le Nouveau Théologien :

> « Demeure assis dans le silence et dans la solitude, incline la tête, ferme les yeux ; respire plus doucement, regarde par l'imagination à l'intérieur de ton coeur, rassemble ton intelligence, c'est-à-dire ta pensée, de ta tête dans ton coeur. Dis sur la respiration : « Seigneur Jésus-Christ ayez pitié de moi », à

voix basse, ou simplement en esprit. Efforce-toi de chasser toute pensée, sois patient et répète souvent cet exercice. » (p. 30-31)

Après avoir rencontré ce moine, le Pèlerin russe lit d'autres auteurs et continue à circuler de monastère en monastère, de lieu de prière en lieu de prière, faisant toutes sortes de rencontres sur sa route et creusant ce désir qu'il a de prier sans cesse. Il compte le nombre de fois qu'il prononce l'invocation. Chez les orthodoxes, le chapelet de prière est constitué de noeuds, noués dans la prière (cinquante ou cent noeuds). C'est l'équivalent du chapelet chrétien, mais il n'y a pas comme dans celui-ci, le *Notre Père* et le *Je Vous Salue Marie* représentés par des gros et des petits grains, plus ou moins espacés. Ici, tous les noeuds sont de même taille et disposés à la suite l'un de l'autre. On vise uniquement la reprise du nom du Seigneur, dont la pratique s'acquiert progressivement.

Voilà comment notre Pèlerin russe a découvert la prière continue, à partir d'une répétition très simple, en tenant compte du rythme de la respiration et du coeur, en essayant de sortir du mental, pour entrer dans le coeur profond, apaiser son être intérieur et ainsi demeurer en prière en permanence.

Cette histoire du Pèlerin contient trois enseignements qui alimentent notre recherche.

Le premier met l'insistance sur la *répétition*. Nous n'avons pas besoin d'aller chercher des *mantras*[11] chez les hindous, nous en avons dans la tradition chrétienne avec la répétition du nom de Jésus. Dans nombre de traditions religieuses, la répétition d'un nom ou d'un mot en rapport avec le divin ou le sacré est un lieu à la fois de concentration et d'apaisement pour la personne et de mise en relation avec l'invisible. De même, les juifs répètent plusieurs fois par jour le « Shema Israël » (la proclamation de foi qui commence par « Écoute, Israël... », (Dt 6, 11). La répétition a été reprise par le chapelet chrétien, (qui provient de saint Dominique, au XIIe siècle). Cette idée de répétition est donc classique dans les traditions chrétiennes également.

Le deuxième enseignement porte sur la *présence au corps*. Cela rejoint d'autres traditions chrétiennes. Au XVIᵉ siècle, saint Ignace de Loyola, qui a été à l'origine de la spiritualité des jésuites, signale l'intérêt de prier sur le rythme du coeur ou de la respiration, donc de l'importance d'une attention au corps[12]. Dans cette façon de prier, on prend une distance par rapport à une réflexion intellectuelle, à une approche mentale, pour entrer dans un rythme plus affectif, parce que cette répétition n'est pas seulement extérieure, vocale.

Le troisième enseignement a trait à l'énergie qui se libère dans la prière. Ce concept d'énergie – qu'on rencontre beaucoup aujourd'hui – est souvent ambigu, polysémique (c'est-à-dire qu'il a des sens différents). S'agissant de la tradition dans laquelle s'inscrit le Pèlerin russe, on parle d'une *énergie spirituelle qui se trouve dans le nom même de Dieu que l'on prononce*. Cette énergie n'est pas de l'ordre de l'énergie vibratoire, comme dans la prononciation du *Aum*, qui est matérielle. On sait que le premier *mantra*, le *mantra* originel pour l'hindouisme est le *Aum*. C'est la syllabe initiale, qui vient des profondeurs de l'homme, dans la force de l'expiration. Dans notre cas, il s'agit d'énergies incréées, l'énergie divine elle-même, qui vient dans la personne et qui la remplit lorsqu'elle prononce le Nom de Dieu[13].

L'enseignement de la *Philocalie* permet donc de rejoindre l'expérience de la répétition, du souffle et du corps, de l'énergie, mais assumée dans une tradition chrétienne où il ne s'agit pas d'une énergie cosmique mais spirituelle.

Revenons à la transmission de la tradition de la prière du coeur, de l'invocation incessante du nom de Jésus, qu'on localise dans les profondeurs du coeur[14]. Elle remonte aux traditions des Pères grecs du Moyen Âge byzantin : Grégoire Palamas, Syméon le Nouveau Théologien, Maxime le Confesseur, Diadoque de Photicée ; ainsi qu'aux Pères du désert des premiers siècles : Macaire et Evagre. Certains la rattachent même aux apôtres... (dans la *Philocalie*). Cette prière s'est surtout développée dans les monastères du Sinaï, à la limite de l'Égypte, à partir du VIᵉ siècle, puis au mont Athos au XIVᵉ siècle. C'est là que vivent encore des centaines de moines complètement coupés du monde. Ils sont sans cesse dans cette prière du coeur. Dans certains monastères on continue à la murmurer, comme un bruit de ruche, dans d'autres on la dit intérieurement, en silence.

Elle fut introduite en Russie vers le milieu du XIVe siècle. Le grand mystique saint Serge de Razomène la connaissait. Il fut le fondateur du monachisme russe. Ensuite d'autres moines l'ont fait connaître au XVIIIe siècle, puis elle s'est répandue progressivement en dehors des monastères, grâce à la publication de la *Philocalie*, en 1782. Enfin, la diffusion des récits du Pèlerin russe à partir de la fin du XIXe siècle l'a popularisée.

La prière du coeur va nous permettre d'aller plus loin dans la façon dont nous pouvons nous approprier l'expérience, dans une perspective de plus en plus chrétienne, que nous avons commencée. Dans ce que nous avons appris jusqu'ici, nous avons surtout insisté sur l'aspect affectif et corporel de la prière et de la répétition, maintenant, nous faisons un pas de plus. Cette façon de se réapproprier une telle démarche n'implique pas un jugement ou une disqualification des autres traditions religieuses (comme le tantrisme, le yoga...). Nous avons ici l'occasion de nous situer au coeur de la tradition chrétienne, à propos d'un aspect qu'on a été tenté d'ignorer au siècle dernier dans les Églises d'Occident. Ce sont les orthodoxes qui sont restés les plus proches de cette pratique. La tradition catholique occidentale récente a plutôt évolué vers une approche rationnelle et institutionnelle du christianisme. Les orthodoxes sont restés plus proches de l'esthétique, du ressenti, de la beauté et de la dimension spirituelle, dans le sens de l'attention à l'oeuvre de l'Esprit Saint dans l'humanité et dans le monde. On a vu que le mot hésychasme signifie quiétude, il renvoie aussi à la solitude, au recueillement.

La puissance du Nom

Pourquoi dit-on dans la mystique orthodoxe que la prière du coeur est au centre de l'orthodoxie ? Entre autres, parce que l'invocation incessante du nom de Jésus se relie à la tradition juive, pour laquelle le nom de Dieu est sacré, car il y a une force, une puissance particulière dans ce nom. Pour cette tradition, il est interdit de prononcer le nom de Yahvé. Quand les juifs parlent du Nom ils disent : le Nom ou le tétragramme, les quatre lettres. Ils ne le prononçaient jamais, sauf une fois par an, du temps où le temple de Jérusalem existait encore. Seul le grand prêtre avait le droit de prononcer le nom de Yahvé, dans le Saint des Saints. Chaque fois que l'on parle du Nom dans la Bible, on parle de Dieu. Dans le nom même, il y a une présence extraordinaire de Dieu.

On retrouve l'importance du nom dans les Actes des Apôtres, le premier livre de la tradition chrétienne, après les Évangiles : « Quiconque invoquera le nom du Seigneur sera sauvé[15]. » Le nom, c'est la personne, le nom de Jésus sauve, guérit, chasse les esprits impurs, purifie le coeur. Voilà ce qu'en dit un père orthodoxe : « Portez constamment dans le coeur le très doux nom de Jésus ; le coeur est enflammé par le rappel incessant de ce nom bien-aimé, d'un ineffable amour pour lui[16]. »

Cette prière s'appuie sur l'exhortation à prier sans cesse, que nous venons de voir à propos du Pèlerin russe. Tous les mots y proviennent du Nouveau Testament. C'est le cri du pécheur, c'est celui qui demande au Seigneur son aide. En grec, cela se dit « Kyrie eleison », formule qui était utilisée, même dans les liturgies catholiques célébrées en latin. Aujourd'hui encore, cette formule est récitée des dizaines de fois dans les offices orthodoxes grecs. La répétition du « Kyrie eleison » est donc importante dans la liturgie orientale.

Pour entrer dans la prière du coeur, nous ne sommes pas obligés de prendre toute la formule « Seigneur Jésus-Christ, prends pitié de moi (pécheur)[17] », nous pouvons prendre une autre parole qui nous touche. Il faut cependant comprendre l'importance de la présence du nom de Jésus, le jour où nous voulons entrer dans toute la signification de cette invocation. Dans la tradition chrétienne, le nom de Jésus, qui se dit Yeschoua en hébreu, signifie : « Dieu sauve ». C'est une façon de rendre le Christ présent dans notre vie. Nous y reviendrons. Pour le moment, il se peut qu'une autre expression nous convienne mieux. L'important, c'est de prendre l'habitude de répéter régulièrement cette expression, comme une marque de tendresse que l'on exprime à quelqu'un. Lorsque nous sommes engagés sur un chemin spirituel et si nous acceptons qu'il soit un chemin de relation avec Dieu, nous découvrons des noms particuliers que nous adressons à Dieu, des noms que nous aimons particulièrement. Ce sont parfois des petits noms ou des noms de tendresse qui peuvent être dits selon la relation que l'on a avec Lui. Pour certains, ce sera Seigneur, Père, pour d'autres, ce sera Papa ou encore Bien-aimé... Une seule parole peut suffire dans cette prière, le principal c'est de ne pas changer trop souvent, de la reprendre régulièrement, et que ce soit pour celui qui la prononce une parole qui l'enracine dans son coeur et dans le coeur de Dieu.

Certains d'entre nous peuvent être réticents face aux mots « pitié » et « pécheur ». Le mot *pitié* est un mot qui dérange parce qu'il a souvent pris une connotation doloriste ou humiliante. Mais si on le prend dans son sens premier de miséricorde et de compassion, la prière peut aussi bien vouloir dire : « Seigneur, regarde-moi avec tendresse ». Le mot *pécheur* évoque la reconnaissance de nos pauvretés. Il n'y a là aucune culpabilisation centrée sur une liste de fautes. Le péché est plutôt un état où nous percevons à quel point nous avons du mal à aimer et à nous laisser aimer comme nous le voudrions. Pécher signifie « rater la cible »... Qui ne reconnaît qu'il rate plus souvent la cible qu'il ne le voudrait ? En nous adressant à Jésus, nous lui demandons de prendre compassion des difficultés que nous avons à vivre au niveau du coeur profond, dans l'amour. C'est un appel à l'aide pour libérer la source intérieure...

Comment se fait cette respiration du Nom, du nom de Jésus ? Comme le raconte le Pèlerin russe, on répète l'invocation un certain nombre de fois en utilisant le chapelet à noeuds. Le fait de la réciter cinquante ou cent fois sur le chapelet permet de savoir où on en est, mais ce n'est certes pas le plus important. Quand le starets a présenté au Pèlerin russe comment il devait procéder, il lui a dit : tu commences d'abord par mille fois et puis deux mille fois... Avec le chapelet, chaque fois que l'on dit le nom de Jésus, on passe un noeud. Cette répétition qui est faite sur des noeuds permet de fixer la pensée, rappelle ce que l'on est en train de faire et aide ainsi à rester conscient de la démarche de prière.

Respirer l'Esprit Saint

À côté du chapelet, le travail de la respiration nous donne le meilleur repère. On répète ces paroles sur l'inspiration, puis sur l'expiration, de façon à les faire pénétrer progressivement dans notre coeur, comme nous le verrons dans les exercices pratiques. Dans ce cas, les noeuds ne sont pas nécessaires. De toute façon, là encore, nous ne recherchons aucune performance. Dès que nous nous engageons sur un chemin de prière avec des objectifs de résultat visible, nous sommes dans l'esprit du monde et nous ne sommes plus dans la vie spirituelle. Dans les traditions spirituelles les plus profondes, qu'elles soient juives, hindouistes, bouddhistes ou chrétiennes, il existe une liberté quant aux résultats, *parce que le fruit est déjà dans le chemin*. Nous avons déjà dû en faire l'expérience. Oserions-nous affirmer : « je suis arrivé » ? Pourtant, nous récoltons sans doute déjà de bons fruits. Le but est d'arriver à une liberté intérieure de plus en plus grande, et à une communion de plus en plus profonde avec Dieu. Cela est donné imperceptiblement, progressivement. Simplement le fait d'être en chemin, d'être attentif à ce que nous vivons, est déjà le signe d'une continuelle présence au présent, dans la liberté intérieure. Le reste, nous n'avons pas besoin de le rechercher, il est donné par surcroît.

Les anciens moines disent : il ne faut surtout pas exagérer, ne pas chercher à répéter le Nom, jusqu'à devenir complètement hébété. Le but n'est pas d'entrer en transe. Il existe d'autres traditions religieuses qui proposent des méthodes pour y parvenir, en accompagnant le rythme des mots par une accélération de la respiration. On peut s'appuyer sur le battement des tambours, ou sur des mouvements giratoires du tronc comme dans certaines confréries soufis. On provoque ainsi une hyper-ventilation, donc une hyper-oxygénation du cerveau entraînant une modification de l'état de conscience. La personne participant à ces transes est comme transportée par les effets de l'accélération de sa respiration. Le fait d'être nombreux à se balancer ensemble accélère le processus, par entraînement réciproque. Dans la tradition chrétienne, ce qui est recherché, c'est la paix intérieure, sans aucune manifestation particulière. Les Églises ont toujours été vigilantes à propos des expériences mystiques. Normalement, dans le cas de l'extase, la personne ne bouge presque pas, mais il peut y avoir de légers mouvements extérieurs. On ne recherche aucune agitation ni excitation. La respiration sert uniquement de support et de symbole spirituel à la prière.

Pourquoi relier le Nom au souffle ? Nous l'avons vu, dans la tradition judéo-chrétienne, Dieu est le souffle de l'homme. Lorsqu'il respire, il reçoit une vie qui lui est donnée par un Autre. L'image de la descente de la colombe – symbole de l'Esprit Saint – sur Jésus au moment du baptême est considérée dans la tradition cistercienne comme le baiser du Père à son Fils. Dans la respiration, on reçoit le souffle du Père. Si, à ce moment-là, dans ce souffle, on prononce le nom du Fils, le Père, le Fils et l'Esprit sont présents. Dans l'Évangile de Jean, on lit : « Si quelqu'un m'aime, il gardera ma parole, mon Père l'aimera, *Nous* viendrons à lui, *Nous* ferons chez lui notre demeure[18]. » La respiration sur le Nom du Christ donne un sens particulier à l'inspiration. « La respiration sert de support et de symbole à la Prière. "Le Nom de Jésus est un parfum qui se répand" (cf. Cantique des cantiques, 1, 4). Le souffle de Jésus est spirituel, il guérit, chasse les démons, communique le Saint Esprit (Jean 20, 22). L'Esprit Saint est Souffle divin (*Spiritus, spirare),* spiration d'amour au sein du mystère trinitaire. La respiration de Jésus, comme le battement de son coeur, devait être liée sans cesse à ce mystère d'amour, comme aussi aux soupirs de la créature (Marc 7, 34 et 8, 12) et aux "aspirations" que tout coeur humain porte en lui. "L'Esprit lui-même intercède au-dedans de nous par des soupirs inexprimables" (Romains 8, 26)[19]. »

On pourrait s'appuyer aussi sur le battement du coeur pour rythmer la récitation. C'est la tradition la plus ancienne pour la prière du coeur. Mais nous nous rendons compte, de nos jours, qu'avec nos rythmes de vie, nous n'avons plus le rythme cardiaque qu'avait le paysan ou le moine dans sa cellule. En outre, il faut veiller à ne pas se concentrer exagérément sur cet organe. Nous sommes très souvent sous pression, donc il n'est pas conseillé de prier sur les battements du coeur. Certaines techniques en rapport avec le rythme du coeur peuvent être dangereuses. Il vaut mieux entrer dans la profonde tradition du souffle, rythme biologique aussi fondamental que celui du coeur. Il a aussi la signification mystique d'une communion avec une vie qui est donnée et accueillie dans la respiration. Saint Paul dit dans les Actes des Apôtres : « C'est en Lui que nous avons la vie, le mouvement et l'être[20]. » Selon, cette tradition, nous sommes donc créés à chaque instant, nous sommes renouvelés ; cette vie vient de Lui et une façon de l'accueillir, c'est de respirer consciemment.

Grégoire le Sinaïte, l'un de ces anciens, qui vivait au Sinaï, disait : « Au lieu de respirer l'Esprit Saint nous nous sommes remplis du souffle des esprits mauvais », (ce sont les mauvaises habitudes, les « passions », tout ce qui encombre notre vie quotidienne). En fixant notre esprit sur la respiration, (comme nous l'avons fait jusqu'à présent), celui-ci s'apaise, nous sentons une détente physique, psychologique et morale. Or, en « respirant l'Esprit » dans la prononciation du Nom, nous pouvons trouver le repos du coeur, ce qui correspond à la démarche de l'hésychasme. Hésychius de Batos écrit : « L'invocation du nom de Jésus, quand elle va de pair avec un désir plein de douceur et de joie, donne à l'espace du coeur d'être lui-même rempli de joie et de sérénité. Alors nous serons comblés de la douceur de sentir et d'éprouver comme un charme cette exultation bienheureuse. Car nous marcherons dans *l'hésychia* du coeur pour rien d'autre que le doux plaisir et les délices dont elle comble l'âme[21]. »

On se débarrasse de l'agitation du monde extérieur, on calme l'éparpillement, la diversité, la course frénétique, car nous sommes tous souvent sollicités de façon très éprouvante. Quand nous arrivons, par cette pratique, à une plus grande présence à nous-mêmes, en profondeur, nous commençons à nous sentir bien avec nous-mêmes dans le silence. Après un certain temps, nous découvrons que nous sommes avec un Autre, parce qu'aimer c'est être habité et se laisser aimer c'est se laisser habiter. Nous retrouvons ce que je vous disais à propos de la transfiguration : le coeur, l'esprit et le corps retrouvent leur unité originelle. Nous sommes dans le mouvement de la métamorphose, de la transfiguration de notre être. C'est un thème cher à l'orthodoxie. Notre coeur, notre esprit et notre corps s'apaisent et trouvent leur unité en Dieu.

CONSEILS PRATIQUES

➤ Trouver la distance juste

Notre premier travail, quand nous nous arrêtons pour apprendre la « prière de Jésus », c'est de rechercher le silence de l'esprit, d'éviter toutes pensées, et se fixer aux profondeurs du coeur. C'est pourquoi le travail sur le souffle est d'un grand secours. Nous le savons, en employant les paroles comme « je me lâche, je me donne, je m'abandonne, je me reçois », notre but n'est pas d'arriver à la vacuité comme dans la tradition zen, par exemple. Il s'agit de libérer un espace intérieur où nous pouvons faire l'expérience d'être visité et habité. Cette démarche n'a rien de magique ; c'est une ouverture du coeur à une présence spirituelle en soi. Ce n'est pas un exercice mécanique ou une technique psychosomatique. Nous pouvons aussi remplacer ces paroles par la prière du coeur. Dans le rythme de la respiration, on peut dire sur l'inspiration : « Seigneur Jésus-Christ », sur l'expiration : « prends pitié de moi ». À ce moment, j'accueille le souffle, la tendresse, la miséricorde qui me sont donnés comme une onction de l'Esprit.

Choisissons un lieu silencieux, apaisons-nous aux trois niveaux habituels, invoquons l'Esprit pour qu'il nous apprenne à prier. Nous pouvons imaginer le Seigneur près de nous ou en nous, avec la certitude confiante qu'il n'a pas d'autre désir que de nous combler de sa paix. Au début, nous pouvons nous limiter à une syllabe, un nom : Abba (Père), Jésus, Ephata (ouvre-toi, adressé à nous-même), Marana tha (viens Seigneur), me voici, Seigneur, etc. Ne changeons pas trop souvent la formule. Elle doit être brève[22]. Prenons-la calmement sur le rythme de notre respiration. Nous la gardons debout, assis ou couché, en retenant le souffle dans la mesure du possible, afin de ne pas respirer à un rythme trop vif. Si nous restons en apnée pendant un temps, notre respiration se ralentit, elle devient plus espacée. Nous ne sommes pas moins oxygénés en respirant par le diaphragme. Le souffle atteint alors une telle amplitude que l'on a besoin de respirer moins souvent. En outre, comme l'écrit Théophane le Reclus : « Ne vous inquiétez pas du nombre des prières à réciter. Que votre seul souci soit que la prière jaillisse de votre coeur, vivante, comme une source d'eau vive. Chassez entièrement de votre esprit l'idée de quantité[23]. »

Ici encore, chacun doit trouver la formule qui lui convient : les mots à employer, le rythme du souffle, la durée de la récitation. Au début, la récitation se fera oralement ; peu à peu, nous n'aurons plus besoin de la prononcer des lèvres ni d'utiliser un chapelet (n'importe quel chapelet peut convenir, si l'on n'a pas celui fait de noeuds de laine). Un automatisme se créera sur le mouvement de la respiration. La prière se simplifiera et rejoindra notre subconscient pour l'apaiser. Le silence nous envahira de l'intérieur.

Dans cette respiration du Nom, notre désir s'exprime et se creuse, petit à petit, nous entrons dans la paix de l'hésychia. En situant notre esprit dans notre coeur, – et nous pouvons localiser un point physiquement, si cela nous aide, dans notre poitrine, ou notre hara – nous invoquons le Seigneur Jésus sans cesse, en essayant de faire en sorte d'écarter tout ce qui peut nous distraire. Cet apprentissage prend du temps et il ne faut pas chercher un résultat rapide. Il y a donc un effort à faire pour rester dans une très grande simplicité et une très grande pauvreté, en accueillant ce qui est donné. Chaque fois que les distractions reviennent, concentrons-nous à nouveau sur le souffle et sur le mot.

Quand vous avez pris cette habitude, progressivement, quand vous marchez, quand vous vous asseyez pour une activité, vous pouvez vous remettre dans votre respiration. Si petit à petit ce nom de Dieu, quel que soit le nom que vous lui donnez, est associé à son rythme, vous sentirez que la paix et l'unité de votre personne grandiront. Quand vous êtes provoqués par quelqu'un, si vous vivez un sentiment de colère ou d'agressivité, si vous sentez que vous êtes en train de ne plus vous contrôler ou que vous êtes tentés de poser des actes qui vont contre vos convictions, rentrez dans cette respiration du Nom. Lorsque vous sentez un mouvement intérieur où vous n'êtes plus dans l'amour et dans la paix, cet effort de vous retrouver dans vos profondeurs par le souffle, par la présence à vous-mêmes, par la répétition du Nom, vous met alors dans la vigilance et dans la garde du coeur. Cela peut vous permettre de vous calmer, de retarder votre réponse et de prendre le temps de trouver la distance juste par rapport à un événement, à vous-mêmes ou à quelqu'un d'autre. Cela peut être une méthode très concrète pour apaiser les sentiments négatifs qui sont parfois un poison pour votre sérénité intérieure et qui empêchent une relation en profondeur avec les autres.

Notes

1. Cet enseignement était souvent donné à travers des adages ou des conseils brefs appelés « apophtegmes ». Cf. Jean-Claude Guy, *Les apophtegmes des Pères du désert*, Livre de Vie.

2. Évangile de Marc 10, 46.

3. Évangile de Luc 18, 10.

4. *Récits d'un Pèlerin russe*, Traduits et présentés par Jean Laloy, Livre de Vie, 1978. Les pages citées entre parenthèses dans le texte renvoient à cette édition.

5. L'*hésychasme* met l'accent sur la paix intérieure (*hésychia* en grec) comme condition nécessaire à la prière. La pratique de la prière du coeur (récitation du nom de Jésus) y contribue.

6. Première Épître de saint Paul aux Thessaloniciens 5, 17.

7. Épitre de saint Paul aux Éphésiens 6, 18.

8. Première Épitre à Timothée 2, 8.

9. C'est parfois surtout une question d'information. Il existe aujourd'hui de nombreuses propositions de retraite et de formation à la prière. Peu, il est vrai, tiennent compte suffisamment du corps. Cf. la bibliographie commentée en fin d'ouvrage.

10. Pour une traduction complète et récente : Boris Brobiskoy, dir. *La Philocalie*, Paris, DDB-Lattès, 1995, 2 tomes.

11. *Mantra* : dans le bouddhisme tantrique et dans d'autres traditions orientales, c'est un mot sacré qu'un maître communique à son disciple au moment de l'initiation. Les vibrations internes de ce mot-symbole et les associations qu'il évoque dans son esprit sont censées conduire à l'expansion mentale du disciple (d'après W. Johnston).

12. Saint Ignace de Loyola, *Exercices spirituels*, 258-260.

13. Il en sera question plus longuement au prochain chapitre.

14. Jacques Serr, « La prière du coeur », dans Jacques Serr et Olivier Clément, *La prière du coeur*, Abbaye de Bellefontaine, Spiritualité orientale, n° 6bis, 1977.

15. Actes des Apôtres 2, 21.

16. Père Païsi Vélitchkovsky. Voir Jacques Serr, *art. cit.*, p.11.

17. Certaines traditions ont gardé le mot « pécheur ».

18. Évangile de Jean 14, 23.

19. Jacques Serr, *art. cit.*, p.13.

20. Actes des Apôtres 17, 28.

21. *La Philocalie, op. cit.*, tome 1, p. 205. Nous verrons que les Pères mettent cependant en garde contre une recherche égoïste de soi dans cette pratique.

22. Jean Climaque conseille : « Que votre prière ignore toute multiplication : une seule parole a suffi au publicain et à l'enfant prodigue pour obtenir le pardon de Dieu. [...] La prolixité dans la prière souvent emplit d'images et le dissipe, tandis que souvent une seule parole (monologie) a pour effet de le recueillir. » (Dans *La petite philocalie de la prière du coeur*, traduite et présentée par J. Gouillard (1953), Paris, Livre de Vie, 83-84.

23. Cité par Jacques Serr, *art. cit.*, p. 15.

Chapitre IX

LA PRIÈRE DU COEUR (2)

La prière de Jésus est appelée prière du coeur parce que, dans la tradition biblique, c'est au niveau du coeur que se trouve le centre de l'homme et de sa spiritualité. Le coeur n'est pas simplement l'affectivité. Nous avons déjà vu que ce mot renvoie à notre identité profonde. C'est aussi le lieu de la sagesse. Dans la plupart des spiritualités, le coeur représente un lieu et un symbole importants. Il est parfois relié au thème de la grotte ou à la fleur du lotus. À ce propos, la tradition orthodoxe est particulièrement proche des sources bibliques et sémitiques. « Le coeur est le maître et le roi de tout l'organisme corporel » dit Macaire, et « lorsque la grâce s'empare des pâturages du coeur elle règne sur tous les membres et sur toutes les pensées ; car là est l'intelligence, là se trouvent les pensées de l'âme, et c'est de là qu'elle attend le bien[1]. » Dans cette tradition, le coeur est au « centre de l'être humain, la racine des facultés de l'intellect et de la volonté, le point d'où provient et vers lequel converge toute la vie spirituelle. C'est la source, obscure et profonde, d'où jaillit toute la vie psychique et spirituelle de l'homme et par laquelle celui-ci est proche et communique avec la Source de la Vie »[2]. Dire que, dans la prière, il faut passer de la tête au coeur, ne signifie pas que l'on oppose les deux. Dans le coeur, il y a également le désir, la décision, le choix de l'action. Dans le langage courant, quand on dit que quelqu'un est un homme ou une femme de coeur, on renvoie à la dimension affective ; mais quand on parle d'« avoir du coeur au ventre » on fait allusion au courage et à la détermination.

La prière de Jésus, avec son aspect respiratoire et spirituel, a pour but de faire « descendre la tête dans le coeur » et d'arriver ainsi à l'intelligence du coeur. « Il convient de descendre du cerveau dans le coeur, dit Théophane le Reclus. Pour le moment il n'y a chez vous que des réflexions toutes cérébrales sur Dieu, mais Dieu lui-même reste à l'extérieur.[3] » Il a été dit que la conséquence de la rupture d'avec Dieu est une sorte de désintégration de la personne, une perte de l'harmonie intérieure. Pour recentrer la personne avec toutes ses dimensions, la démarche de la prière du coeur vise à relier la tête et le coeur car « les pensées tourbillonnent comme des flocons de neige ou des essaims de moucherons en été[4]. » Dès lors, nous pouvons entrer dans une intelligence beaucoup plus profonde de la réalité humaine et spirituelle.

L'illumination chrétienne

Puisque la prononciation du nom de Jésus libère son Souffle en nous, l'effet le plus important de la prière du coeur est l'illumination, qui n'est pas une manifestation physiquement ressentie bien qu'elle puisse avoir des effets sur le corps. Le coeur va connaître la chaleur spirituelle, la paix, la clarté, si bien exprimées dans la liturgie orthodoxe. Les églises d'Orient sont décorées d'icônes, chacune ayant son petit lumignon qui s'y reflète, signe d'une présence mystérieuse. Alors que dans la théologie mystique occidentale on a insisté, entre autres, sur l'expérience de la nuit obscure (avec les traditions carmélitaines, comme celle de saint Jean de la Croix), en Orient, c'est l'illumination, la lumière de la transfiguration, qui sont mises en valeur. Les saints orthodoxes sont transfigurés plutôt qu'ils ne reçoivent les stigmates[5]. On parle de la lumière taborique, car on pense que c'est sur le mont Tabor, qui est une montagne de Palestine, que le Christ a été transfiguré. La croissance spirituelle est un chemin de transfiguration progressive. C'est la lumière même de Dieu qui finit par se refléter sur le visage de l'homme. C'est pour cela que nous sommes appelés à devenir nous-mêmes icônes de la tendresse de Dieu, à l'instar du Christ. Dans la mesure où nous retrouvons notre source cachée, petit à petit, la lumière intérieure transparaît dans notre regard. Il y a une grâce d'attendrissement qui imprime une grande douceur dans le regard et sur le visage des spirituels de l'Orient.

C'est l'Esprit Saint qui réalise l'unité de la personne. Le but ultime de la vie spirituelle est la déification de l'être humain selon la tradition orthodoxe, c'est à dire une transformation intérieure qui renoue avec la ressemblance blessée par la rupture avec Dieu. L'homme devient de plus en plus proche de Dieu, non à la force du poignet, mais par la présence de l'Esprit que favorise la prière du coeur. Il existe une grande différence entre des techniques de méditation, où l'on essaye d'atteindre un certain état de conscience par des efforts personnels, et une méthode de prière chrétienne. Là, le travail *sur* soi-même – qui est certes nécessaire pour tout chemin spirituel – est uniquement réalisé *par* soi-même, avec éventuellement une aide humaine extérieure ; celle d'un maître par exemple. Ici, même si l'on s'inspire de quelques techniques, la démarche se vit dans un esprit d'ouverture et d'accueil à une Présence transformante. Peu à peu, grâce à la pratique de la prière du coeur, l'homme retrouve une unité profonde. Plus cette unité s'enracine, mieux il peut entrer dans la communion avec Dieu : c'est déjà une annonce de la Résurrection ! Pourtant, on ne doit pas se faire d'illusion. Il n'y a rien d'automatique ni d'immédiat dans cette démarche. Il ne suffit pas d'être patient, il est également important d'accepter d'être purifié, c'est-à-dire de reconnaître les obscurités et les distorsions en nous qui empêchent l'accueil de la grâce. La prière du coeur engage une attitude d'humilité et de repentance qui en conditionne l'authenticité. Elle s'accompagne d'une volonté de discernement et de vigilance intérieure. Confronté à la beauté et à l'amour de Dieu, l'homme prend conscience de son péché et est invité à s'engager sur une voie de conversion.

Qu'en est-il de l'énergie divine dans cette tradition ? Le corps peut ressentir lui aussi les effets de l'illumination de la Résurrection dès maintenant. Il existe un débat toujours actuel à propos des énergies chez les Orthodoxes. Sont-elles créées ou incréées ? Sont-elles l'effet d'une action directe de Dieu sur l'homme ? De quelle nature est la déification ? Comment Dieu, qui est transcendant et inaccessible dans son essence, pourrait-il communiquer ses grâces à l'homme, au point de le « déifier » par son action ? L'intérêt de nos contemporains pour la question de l'énergie oblige à s'arrêter brièvement sur cette question. Grégoire Palamas parle d'une « participation » à quelque chose entre le chrétien et Dieu. « Ce quelque chose, se sont les "énergies" divines, comparables aux rayons du soleil qui apportent lumière et chaleur, sans être le soleil en son essence, et que nous appelons pourtant : soleil. Ce sont ces énergies divines qui agissent sur le coeur pour nous recréer à l'image et à la ressemblance. Par là, Dieu se donne à l'homme sans cesser d'être transcendant à lui[6]. » Par cette image, nous voyons comment, par un travail sur le souffle et aussi sur la répétition du Nom, nous pouvons accueillir l'énergie divine et permettre qu'une transfiguration de l'être profond s'opère progressivement en nous.

Le nom qui guérit

À propos de la prononciation du Nom, il est important de ne pas se situer dans une attitude qui relèverait de la magie. Nous sommes dans une perspective de foi en un Dieu qui est le berger de son peuple et qui ne veut perdre aucune brebis. Appeler Dieu par son nom, c'est s'ouvrir à sa présence et à la puissance de son amour. Croire dans la force de l'évocation du Nom, c'est croire que Dieu est présent dans nos profondeurs et n'attend qu'un signe de notre part pour nous combler de la grâce dont nous avons besoin. N'oublions pas que la grâce est toujours offerte. Le problème vient de nous, qui ne la demandons pas, ne l'accueillons pas ou bien qui ne sommes pas capables de la reconnaître quand elle est à l'oeuvre dans notre vie ou dans celle des autres. La récitation du Nom est donc un acte de foi en un amour qui ne cesse de se donner, un feu qui ne dit jamais : « Cela suffit ! »[7].

Peut-être comprenons-nous mieux maintenant comment, en plus du travail que nous avons commencé sur le corps et le souffle, il est possible, pour ceux qui le souhaitent, d'introduire la dimension de la répétition du Nom. Ainsi, peu à peu, l'Esprit se joint à notre respiration. Concrètement, après un apprentissage plus ou moins long, quand nous avons un moment de calme, quand nous marchons dans la rue ou que nous sommes dans le métro, quand nous entrons dans la respiration profonde, spontanément, le nom de Jésus peut nous visiter et nous rappeler qui nous sommes, enfants bien-aimés du Père.

Aujourd'hui, on considère que le prière du coeur peut solliciter le subconscient et y opérer une forme de libération. En effet, des réalités sombres, difficiles et angoissantes y gisent dans l'oubli. Quand ce Nom bénit l'envahit, il chasse les autres noms, qui sont peut-être destructeurs pour nous. Cela n'a rien d'automatique et ne remplacera pas forcément une démarche psychanalytique ou psycho-thérapeutique ; mais dans la foi chrétienne, cette vision de l'oeuvre de l'Esprit fait partie de l'incarnation : en christianisme, l'esprit et le corps sont inséparables. Grâce à notre communion à Dieu, qui est relation, la prononciation de son Nom peut nous libérer des obscurités. On lit dans le psaume que lorsqu'un pauvre crie, Dieu répond toujours.[8] Et la bien-aimée du Cantique des cantiques dit : « Je dors, mais mon coeur veille[9]. » Nous pouvons évoquer ici l'image de la maman qui dort mais qui sait que son petit n'est pas très bien : elle se réveillera au moindre gémissement. C'est une présence du même ordre que l'on peut expérimenter dans les moments importants de la vie amoureuse, de la vie parentale, filiale. Si aimer, c'est être habité, c'est valable aussi pour la relation que Dieu entretient avec nous. Le découvrir et en vivre est une grâce à demander.

Quand nous nous disposons à une rencontre importante, nous y pensons, nous nous y préparons, mais nous ne pouvons pas assurer qu'elle réussisse. Cela ne dépend pas totalement de nous, cela dépend aussi de l'autre. Dans la rencontre avec Dieu, ce qui dépend de nous, c'est de préparer notre coeur. Même si nous ne connaissons ni le jour ni l'heure, notre foi nous assure que l'Autre viendra. Cela demande que nous nous situions déjà dans une démarche de foi, même si elle est balbutiante. Avoir l'audace d'espérer qu'effectivement il y a quelqu'un qui vient à nous, même si nous ne ressentons rien ! C'est une mise en présence permanente, de même que nous respirons à chaque instant, que notre coeur bat sans arrêt. Autant notre coeur et notre souffle sont vitaux pour nous, autant cette mise en présence devient vitale d'un point vue spirituel. Progressivement, tout devient Vie, Vie en Dieu. Certes, nous n'expérimentons pas cela en permanence, mais nous pouvons, à certains moments, le pressentir. Ces moments-là nous encouragent, quand nous avons l'impression que nous perdons notre temps dans la prière, ce qui nous arrive sans doute fréquemment...

Attendre l'inattendu

Nous pouvons puiser dans notre propre expérience de relation, dans le souvenir de nos émerveillements devant ce que nous avons découvert de beau en nous et dans les autres. Elle nous révèle l'importance de la capacité à reconnaître la beauté sur notre chemin. Pour certains, ce sera la nature, pour d'autres l'amitié, bref, tout ce qui nous grandit et nous sort de la banalité, de la routine. Attendre l'inattendu et être encore capable de s'étonner ! « J'attends l'inattendu » me disait un jour un jeune en recherche de vocation, rencontré dans un monastère. Je lui ai parlé alors du Dieu des surprises.

C'est un chemin qui demande du temps. Souvenons-nous que nous avons dit que la réponse est déjà présente dans le chemin lui-même ! Nous sommes tentés de nous poser la question : quand vais-je arriver et quand aurai-je la réponse ? L'important, c'est de nous être mis en route, buvant aux puits que nous rencontrons, tout en sachant que nous n'arriverons pas avant longtemps. L'horizon s'éloigne quand on s'approche de la montagne, mais il y a la joie du chemin qui accompagne l'aridité de la marche, et il y a la proximité des compagnons de cordée. Ne restons pas seuls. Déjà nous sommes tournés vers la révélation qui nous attend au sommet. Quand nous sommes conscients de cela, nous devenons des pèlerins de l'absolu, pèlerins de Dieu, sans recherche de résultat.

C'est une grande difficulté pour nous Occidentaux que de ne pas viser l'efficacité immédiate. Dans le célèbre livre hindou la *Bagavad Gita*, Krishna dit de travailler sans convoiter le fruit de notre labeur. Les bouddhistes ajoutent qu'il faudrait se libérer du désir, qui est illusion, pour atteindre l'illumination. Bien plus tard, en Occident, au XVIe siècle, saint Ignace de Loyola insistera sur l'« indifférence », qui consiste pour lui à garder une juste liberté intérieure par rapport à une décision importante, jusqu'à ce que le discernement confirme le bon choix. Cependant, nous l'avons vu, dans le christianisme, le désir reste une réalité importante pour le chemin spirituel. Il nous unifie dans le mouvement qui nous sort de nous-mêmes en direction d'une plénitude, tout cela dans une grande pauvreté. En effet, le désir nous creuse, car nous ne pouvons désirer que ce que nous n'avons pas encore. Il donne son élan à l'espérance.

Cela nous aide à penser « juste », parce que notre pensée est aussi une pensée du coeur et pas simplement un exercice purement intellectuel. La justesse de la pensée éclairée par le coeur et les états de notre coeur nous disent quelque chose de la justesse de nos relations. Nous le verrons bientôt dans la tradition ignatienne, quand nous parlerons du « mouvement des esprits ». Cette expression de saint Ignace de Loyola est une autre façon de parler des états du coeur, qui nous disent comment nous vivons notre relation à Dieu et aux autres. Nous, Occidentaux, vivons surtout au niveau de l'intellect, du rationnel et nous réduisons parfois le coeur à l'émotivité. Nous sommes alors tentés soit de le neutraliser soit de l'ignorer. Pour un certain nombre d'entre nous, ce qui ne se mesure pas n'existe pas. Ceci est pourtant contradictoire avec l'expérience quotidienne, parce que la qualité de la relation ne se mesure pas.

Au coeur de l'éclatement de l'homme, de l'éparpillement de la distraction, la récitation du Nom sur la respiration nous aide à retrouver l'unité de la tête, du corps et du coeur. Cette prière perpétuelle peut devenir véritablement vitale pour nous, dans le sens qu'elle suit nos rythmes vitaux. Vitale aussi dans le sens où, dans les moments où notre vie est mise en question, menacée, nous vivons les expériences les plus intenses. Alors, nous pouvons appeler le Seigneur par son nom, le rendre présent et, petit à petit, entrer dans le mouvement de l'illumination du coeur. Nous ne sommes pas obligés d'être des grands mystiques pour cela. À certains moments de notre vie, nous pouvons découvrir que nous sommes aimés d'une façon absolument indescriptible, qui nous remplit d'une plénitude de joie. C'est une confirmation de ce qu'il y a de plus beau en nous, ainsi que de l'existence de l'Être aimé. Cela peut ne durer que quelques secondes, et devenir pourtant comme une borne sur notre route. S'il n'y a pas de cause précise à cette joie intense, saint Ignace l'appelle une « consolation sans cause ». Par exemple, quand ce n'est pas un bonheur qui provient d'une bonne nouvelle, d'une promotion, d'une gratification quelconque. Elle nous envahit tout d'un coup, ce qui est le signe qu'elle vient de Dieu.

La prière du veilleur

Enfin, nous pouvons évoquer une méthode de prière pratiquée dans des milieux catholiques, qui n'est pas étrangère à ce que nous avons considéré jusqu'à présent. De nos jours, des trappistes américains proposent de pratiquer l' « oraison du veilleur ». C'est une prière qui vise à nous recentrer et qui est reprise d'une très ancienne tradition, conservée dans un ouvrage intitulé « Le nuage de l'inconnaissance ». Il a été écrit en Angleterre, au XIVe siècle, et l'auteur est resté anonyme. Il était très connu à la fin du Moyen Âge. On le redécouvre aujourd'hui, grâce de nouvelles traductions[10]. On y lit, à propos de l'usage d'un seul mot dans la prière :

« Si cet élan vers Dieu, il te convient de l'avoir comme plié et empaqueté dans un mot, afin de plus fermement t'y tenir, alors que ce soit un petit mot, et très bref de syllabes, car plus court il est, mieux il est accordé à l'oeuvre de l'Esprit. Semblable mot est le mot : Dieu ou encore le mot Amour. Choisis celui que tu veux, ou tel autre qui te plaît, pourvu qu'il soit court de syllabe, et celui-là attache-le si ferme à ton coeur que jamais il ne s'en écarte, quelque chose qu'il advienne [...]. Ce mot sera donc ton bouclier et ton glaive, que tu ailles en paix ou en guerre. Avec ce mot tu frapperas sur le nuage et cette obscurité au-dessus de toi, (le monde divin). Et avec lui tu ramasseras toute manière de penser sous le nuage de l'oubli, à tel point que si quelque pensée t'importune d'en haut et te demande ce que tu voudrais posséder, tu ne lui répondras par aucune parole que ce mot seul. Et qu'elle argue de sa compétence en t'offrant d'expliquer ce mot très savamment et de t'en exposer les qualités ou propriétés, dis-lui que tu veux le garder et le posséder intact en son entier, et non point brisé ou défait. »

Les moines dont il est question ici ont retenu comme mots : alléluia, sauveur, Marana tha (viens Seigneur), Kyrie, Seigneur, Jésus, Père, Abba, Esprit Saint, etc. Voilà les règles qu'ils donnent pour cette pratique qui est proche de ce que nous avons vu plus haut.

« Choisissons un endroit relativement tranquille où nous ne serons pas interrompus, asseyons-nous bien droit, les pieds posés à plat par terre, fermons les yeux et détendons-nous ; visons en particulier les parties du corps que nous sentons trop tendues, nous pouvons aussi nous appuyer sur un petit banc ou un coussin, l'essentiel c'est d'être confortable (sic) pour ne pas bouger et déranger notre oraison, commençons à répéter notre mot et continuons pendant tout le temps de l'oraison. Lorsque nous devenons conscients d'une distraction, reprenons notre mot avec douceur, le temps de l'oraison étant terminé émergeons doucement en récitant le *Notre Père* et relevons-nous tranquillement[11]. »

Ils proposent de prendre vingt minutes, une fois par jour, de préférence le matin. Dans cette proposition, par rapport à ce que nous pratiquons, il manque la respiration ; on ne parle pas du souffle. On peut le regretter, car pour garder l'immobilité et pour détendre l'ensemble du corps, la conscience du souffle est très importante. Voilà cependant une piste pour ceux qui veulent s'approprier le travail que nous avons fait jusqu'à présent dans une démarche plus explicitement occidentale.

Dans l'usage des *mantras*, on utilise le nom d'une divinité ou un autre mot qui a une qualité de vibration particulière ; on se situe encore dans l'énergétisme. Dans notre démarche, le nom sert de support à la concentration ; et nous visons une attitude intérieure, le son physique est secondaire. Le nom de Dieu est un véritable lieu de communication avec Quelqu'un qui est vivant et existant. Ce nom agit en nous par le fait que nous avons été créés par Lui et que c'est de Lui que nous recevons le souffle dans l'instant. C'est donc beaucoup plus qu'un support, c'est une réalité mystique.

Nous allons maintenant nous tourner vers une autre tradition occidentale, plus récente, qui marque une avancée importante dans la façon de comprendre la place de l'affectivité dans la vie spirituelle. Il s'agit de la prière telle qu'elle a été enseignée par saint Ignace de Loyola. Il n'est pas le premier à s'être préoccupé de la place des sentiments dans la vie d'oraison, comme on peut le constater chez sainte Thérèse d'Avila ou chez saint Jean de la Croix, par exemple. Mais sa méthode dite du « discernement des esprits » reste très actuelle, même après l'apparition de la psychologie. Elle lui est non seulement compatible, mais complémentaire[12].

CONSEILS PRATIQUES

➢ Prier avec prudence et patience

Dans la Bible, il existe un choix illimité de noms disponibles pour s'adresser à Dieu. Dans l'Ancien Testament, on rencontre un grand nombre d'expressions utilisées dans les psaumes : mon rocher, mon rempart, ma citadelle, ma force, ma lumière, mon salut, mon libérateur. On utilise les images du berger, du vigneron, de l'amant (Cantique des cantiques), du père ou de la mère, du guerrier, du créateur, du puissant, etc. L'intérêt des psaumes réside dans le fait qu'ils reflètent tous les sentiments humains possibles vis-à-vis de Dieu, depuis l'abandon du petit enfant jusqu'à la colère et au marchandage pour que Dieu agisse. Quant au Nouveau Testament, c'est bien sûr le nom de Père qui domine, mais les paraboles mettent en scène des visages divers de Dieu, provenant de l'Ancien Testament. Alphonse et Rachel Goettmann proposent aussi des formules comme « de moi vers Toi » sur l'expiration, « tout en Toi » entre les deux, et « par Toi » sur l'inspiration. Ou bien, « de moi vers Toi » sur l'expiration et « de Toi vers moi » sur l'inspiration. L'important est de vivre intensément à travers les mots utilisés[13]. L'usage du Nom mobilise la personne qui prie et met en oeuvre la puissance de l'Esprit. Il ne s'agit pas de s'installer dans un monde clos et confortable. Ils insistent sur le lien entre combat ascétique et prière du coeur[14].

La prière du coeur a fait l'objet de débat et de suspicion à cause des risques de repli sur soi et d'illusion quant aux résultats. Une répétition assidue d'une formule peut provoquer un véritable vertige. Une concentration exagérée sur la respiration ou sur le rythme du coeur peut entraîner des malaises chez certaines personnes fragiles. Il y a aussi le risque de confondre la prière elle-même avec le désir de performance. Il ne s'agit pas de forcer pour arriver à un automatisme ou à une correspondance avec tel mouvement biologique. C'est pourquoi, à l'origine, cette prière n'était enseignée qu'oralement et la personne était suivie de près par un père spirituel. Aujourd'hui, elle est dans le domaine public, et nombreux sont les livres qui en parlent et les personnes qui la pratiquent, sans accompagnement particulier. Raison de plus pour ne rien forcer. Rien ne serait plus contraire à la démarche que de vouloir provoquer un sentiment d'illumination, en confondant l'expérience spirituelle dont parle la *Philocalie* avec une modification de l'état de conscience. Il ne doit être question ni de mérite, ni de psycho-technique recherchée pour elle-même.

Cette façon de prier ne convient pas à tout le monde, malgré la diversité des noms possibles. Elle demande une répétition et un exercice quasi mécanique au début, qui en décourage certains. En outre, il existe un phénomène de lassitude, car la progression est lente et, parfois, on peut se trouver devant un véritable mur qui paralyse l'effort. Il ne faudrait pas baisser les bras, mais, ici encore, il s'agit d'être patient avec soi-même. Ne changeons pas trop souvent de formule. Je rappelle que le progrès spirituel ne peut être atteint uniquement par la pratique d'une méthode, quelle qu'elle soit. Il implique une attitude de discernement et de vigilance dans la vie quotidienne.

Enfin, il existe d'autres façons de prier, où l'attention au souffle et la conscience du corps servent avantageusement d'introduction et de préparation. Il s'agit, entre autres, de la méditation chrétienne dont il va être question maintenant.

Notes

1. Cité par Jacques Serr, *art. cit.*, p.16.

2. E. Behr-Sigel, cité par Jacques Serr, *ibidem*.

3. *Ibidem.*

4. *Ibidem.*

5. Certains saints comme François d'Assise, dans la tradition catholique, ont reçu dans leur chair les traces (stigmates) des plaies de la crucifixion, s'unissant ainsi à la souffrance du Christ crucifié.

6. *Ibidem*, p. 24.

7. Comment ne pas penser ici au récit du buisson ardent où Yahvé, se nommant lui-même « Dieu d'Abraham, d'Isaac et de Jacob », se définit comme le Dieu de l'Alliance et de la fidélité à travers les générations (Exode 3, 2).

8. Psaumes 31, 23 ; 72, 12.

9. Cantique des cantiques 5, 2.

10. *Le nuage de l'inconnaissance*, Paris, Le Seuil, 1997, p. 39-40. Voir aussi William Johnston, *Musique du silence, Recherche scientifique et méditation*, Paris, Le Cerf, coll. Sagesse du corps, 1977, p. 83.

11. Cf. *Le nuage...*, *op. cit.*

12. Voir au chapitre suivant.

13. *Op. cit.*, p. 134-135.

14. Cf. Alphonse et Rachel Goettmann, *Prière de Jésus, prière du coeur*, Paris, Dervy, coll. Béthanie, 1988. Ils considèrent que le soupçon d'intimisme, à propos de la prononciation du nom de Jésus, ne se justifie pas.

Chapitre X

MÉDITER POUR DISCERNER

Dans la ligne de notre souci de prendre en compte l'intégralité de la personne dans la vie spirituelle, nous nous tournons vers saint Ignace de Loyola (1491-1556), dont il a déjà été question plus haut. Puisant dans la tradition des Pères de l'Église, il s'est préoccupé d'associer vie affective et vie spirituelle, longtemps avant l'apparition de la psychologie.

Ignace a un certain nombre de points communs avec le Pèlerin russe[1]. Tout d'abord, à la fin de sa vie, à la demande de ses compagnons, il a rédigé son autobiographie où il se présente aussi comme un pèlerin. Ensuite, même si trois siècles les séparent, tous deux étaient des hommes animés par un grand désir de Dieu, de suivre le Christ dans la pauvreté et la radicalité d'une quête spirituelle qui les a jetés sur les routes du monde. Pour l'un, c'était les immensités de la Russie, pour l'autre, le Sud de l'Europe et les bords de la Méditerranée, jusqu'à Jérusalem. Mystiques, ils se méfiaient des manifestations extraordinaires mais avaient pour critère la consolation spirituelle. Ignace l'a décrite comme :

> « un accroissement d'espérance, de foi et de charité, et toute allégresse intérieure qui appelle et attire aux choses célestes et au salut propre de l'âme, l'apaisant et la pacifiant en son Créateur et Seigneur[2] ».

Quant au Pèlerin russe, il a noté les effets de la prière du coeur :

> « Dans l'esprit [...] la douceur de l'amour de Dieu, le calme intérieur, le ravissement de l'esprit, la pureté des pensées, la splendeur de l'idée de Dieu ; dans les sens, l'agréable chaleur du coeur, la plénitude de douceur dans les membres, le bouillonnement de la joie dans le coeur, la légèreté, la vigueur de la vie, l'insensibilité aux maladies ou aux peines ; dans l'intelligence, l'illumination de la raison, la compréhension de l'Écriture sainte, la connaissance du langage de la création, le détachement des vains soucis, la conscience de la douceur de la vie intérieure, la certitude de la proximité de Dieu et de son amour pour nous[3]. »

En outre, ils étaient sensibles à la beauté de la nature et à la richesse des rencontres et aimaient chanter la gloire de Dieu.

Pourtant, ils étaient différents dans leur conception de la vie spirituelle. Alors que le Pèlerin russe voyait le monde dans le Christ, Ignace contemplait le Christ dans le monde[4]. Tourné avant tout vers la contemplation, le Pèlerin russe se situe dans le courant hésychaste. La *Philocalie* fait du repos de l'âme en Dieu l'aboutissement de la démarche spirituelle. La prière du coeur en est le chemin, accompagnée du jeûne et des privations qui purifient l'âme. Concentré vers les profondeurs du coeur, le Pèlerin est un solitaire, marqué par l'attitude monastique du retrait du monde. Sa prière vise la paix intérieure et l'accent est mis sur la présence du Royaume dans le coeur humain. Le Pèlerin s'établit dans la prière de Jésus comme à demeure et jouit de cette intimité. C'est une des raisons pour lesquelles certains ont accusé la démarche spirituelle hésychaste d'intimisme.

Loin de rejeter le chemin parcouru et l'intérêt que nous avons trouvé dans l'enseignement de la *Philocalie*, considérons l'apport spécifique, et complémentaire d'Ignace de Loyola. « Si l'impassibilité hésychaste est tout entière au service de la contemplation, l'indifférence ignatienne est orientée vers une décision[5]. » La spiritualité ignatienne vise à désirer et à choisir ce qui permet de réaliser au quotidien le désir de Dieu sur nous. Elle est au service de l'engagement chrétien dans le monde, à la suite du Christ. Elle offre des moyens pour vérifier la justesse de notre attitude dans notre façon de vivre et de méditer. Elle ne se coupe pas du monde pour s'inscrire dans une démarche purement intérieure. Elle contemple le monde avec toutes ses richesses et ses contradictions pour, à partir de là, choisir comment y vivre en chrétien. Ce dernier est invité à apprendre à se connaître, à avoir une intention droite et à discerner avec prudence. Il ne s'affranchit pas des sens ni de l'imaginaire, comme dans l'hésychasme, mais, au contraire, s'y appuie pour mobiliser toute sa personne dans la prière. L'imaginaire sert à créer le cadre de la prière, les sens s'appliquent à l'objet médité ou contemplé. Déjà, nous pressentons la façon dont l'intégralité de la personne est concernée par ce chemin spirituel.

Voir Dieu en toutes choses

Le discernement comme la méditation font appel à l'intelligence, à la mémoire, à la volonté et à l'affectivité. C'est ainsi que le chrétien peut « voir Dieu en toutes choses », le monde lui-même étant le lieu où Dieu se laisse connaître et invite le croyant à s'engager. Le Christ y est à l'oeuvre et demande au disciple de l'y rejoindre pour soulager avec lui la souffrance de l'humanité. La collaboration entre Dieu et l'homme ne vise pas seulement le progrès de sa vie intérieure mais aussi toute son activité familiale, professionnelle, relationnelle, bref toute sa présence à la société et à la culture. L'accent est mis sur l'engagement de l'homme « relu » et discerné à la lumière de la Parole de Dieu. Nous verrons comment la méditation ignatienne est un lieu de discernement de la qualité de notre relation à Dieu et de notre engagement dans la vie quotidienne.

Auparavant, il est intéressant d'entendre comment Ignace en est venu à s'intéresser et à pratiquer le « discernement des esprits ». À partir de son expérience personnelle, il a découvert que la vie spirituelle est liée à la vie affective. Il est fidèle en cela à la conception chrétienne de l'incarnation pour laquelle, puisque Dieu s'est fait homme, ce dernier, créé à son image et à sa ressemblance, est animé par son Esprit, quand il Lui est réceptif. C'est le fondement de l'anthropologie chrétienne (une conception de l'être humain comme étant à la fois corporel, affectif et spirituel). Or, quand Dieu veut s'adresser à l'homme, il le fait rarement « en direct », à part lors des grands événements du salut que raconte la Bible (particulièrement à l'occasion de songes) ou dans la vie de grands mystiques qui ont connu des visions.

Si l'Esprit Saint veut nous révéler quelque chose concernant notre vie spirituelle ou notre engagement dans le monde, il va passer par notre affectivité, nous mouvoir dans nos profondeurs, sans que le rôle de l'intelligence soit exclu. On emploie ici l'expression de « motions de l'Esprit » pour désigner les mouvements intérieurs, les sentiments qu'Il suscite dans un coeur qui écoute, c'est-à-dire au niveau du coeur profond. Il passe par le ressenti affectif autant que par une lumière intellectuelle. Il nous permet ainsi de vérifier dans quelle mesure notre attitude est juste au niveau de la foi. La perception de nos émotions nous rend conscients des motions de l'Esprit dans notre coeur. Le discernement n'est donc pas uniquement le résultat d'un raisonnement ni la conséquence d'un jugement moral. À l'époque d'Ignace, c'était un langage nouveau. On parlait peu des rapports entre vie spirituelle et émotions humaines, même s'il existait des mouvements spirituels dont on accusait les membres d'être des illuminés (les *alumbrados*). Ignace fut d'ailleurs soupçonné d'en faire partie et a été l'objet de trois procès, sans parler des séjours qu'il passa dans les prisons d'Alcalá et de Salamanque. Plus tard, le Pape reconnut la société apostolique qu'il avait fondée (la Compagnie de Jésus, autrement dit les Jésuites) et la valeur des « exercices spirituels » qu'il avait mis au point et qui sont toujours donnés aujourd'hui.

Ignace de Loyola à la découverte du discernement spirituel

Pour aborder cette spiritualité, il est nécessaire de dessiner à grands traits les débuts de la biographie d'Ignace. Militaire, d'une famille aristocratique de Loyola, au pays basque, il aime les armes. Au siège de Pampelune, il est atteint par un boulet de canon dans la jambe. Intelligent et sensible, immobilisé pendant sa maladie et sa convalescence, il passe beaucoup de temps à lire. Il se passionne pour deux types de littérature : d'un côté une pile de livres avec des vies de saints, de l'autre des romans de chevalerie. Quand il lit ces romans, il s'identifie au chevalier qui séduit sa belle... Mais quand il dépose le livre, toute son excitation retombe. Ce n'était qu'une belle fuite, un rêve passager. Quand il parcourt la vie des saints, il s'identifie à ces derniers, mais quand il interrompt sa lecture, il se sent appelé à essayer de suivre le même chemin qu'eux. Il est rempli d'une chaleur intérieure. Il se dit : saint François, saint Dominique sont allés loin dans leurs engagements, ils sont allés au bout de ce qu'ils voulaient, à la suite du Christ, il faut que je le fasse aussi... ! Il se sent de plus en plus concerné par leur expérience. Il se demande si là n'est pas sa voie.

Lisons son récit, où il parle de lui à la troisième personne.

> « Ces pensées duraient, elles aussi un bon moment [à propos des saints] ; et puis d'autres survenaient auxquelles succédaient les pensées du monde dont il a été parlé plus haut, et il s'arrêtait aussi à celles-ci un grand moment. Et cette succession de pensées si diverses dura pour lui un long temps, et il s'attardait toujours à la pensée qui se présentait, qu'il s'agisse de ses exploits mondains qu'il désirait faire ou de ces autres exploits pour Dieu qui s'offraient à son imagination, jusqu'à ce que, fatigué, il la laisse et porte son attention sur d'autres choses. Il y avait pourtant cette différence : quand il pensait à cette chose du monde, il s'y délectait ; mais quand, ensuite, fatigué, il la laissait, il se trouvait sec et mécontent. Mais quand

il pensait à aller nu-pieds à Jérusalem, à ne manger que des herbes, à faire toutes les autres austérités qu'il voyait avoir été faites par les saints, non seulement il était consolé quand il se trouvait dans de telles pensées, mais encore, après les avoir laissées, il restait content et allègre ; mais il ne faisait pas attention à cela et ne s'arrêtait pas à peser cette différence jusqu'à ce que, une fois, ses yeux s'ouvrirent un peu : il commença à s'étonner de cette diversité et à faire réflexion sur elle ; saisissant par expérience qu'après certaines pensées il restait triste et après d'autres allègre, il en vint peu à peu à connaître la diversité des esprits qui l'agitaient, l'un du démon, l'autre de Dieu[6]. »

Plus tard, une fois guéri de sa blessure, Ignace cherche et trouve des lieux où vivre des moments de solitude et de prière et tente de percevoir quel pourrait être son avenir. Il raconte toute cette démarche dans son « Récit du Pèlerin ». On est frappé par l'acuité de la perception de ses mouvements intérieurs, qu'il met au service du discernement spirituel, durant son « pèlerinage ». Sans doute sommes-nous tous – à notre manière – des pèlerins de la vie ou de l'absolu.

Dans ce récit, on perçoit bien les mouvements de sa sensibilité : une succession de pensées auxquelles sont associés des sentiments plus ou moins forts et durables. On note les conclusions qu'il tire de cette alternance et de la cause présumée : quelqu'un est à l'origine même de ses pensées, Dieu ou le démon, ce qui explique la coloration de ses sentiments. Le récit rejoint sans doute notre expérience, le fait que nous sommes sans cesse traversés par des sentiments divers, plus ou moins forts, liés à des événements ou à des réflexions. Ce qui compte ici, c'est de comprendre que les sentiments peuvent avoir une autre origine que notre imagination ou nos fantasmes. Ils peuvent être le signe du doigt de Dieu dans notre vie, ou de l'action de l'esprit du mal. C'est la base du discernement, qui repose sur une vigilance intérieure.

Pour le pratiquer, tout d'abord, il est bon d'apprendre à nous connaître, avec notre tempérament et notre personnalité, et à percevoir les mouvements de notre affectivité. Ensuite, il est utile d'essayer d'identifier nos sentiments. On en distingue habituellement de quatre sortes : la peur, la colère, la tristesse et tous ceux qui tournent autour de la joie. Enfin, il faut en discerner l'origine. Quand Ignace parle du « démon » dans son récit, il utilise le langage de son époque. Son idée est la suivante : ce qui ne vient pas de l'Esprit Saint doit provenir du démon, parce que tout le mal dans le monde vient de lui. Il croit en l'esprit du mal. Certains, aujourd'hui, préféreraient parler du mal en nous. En tout cas, l'idée essentielle est que notre vie intérieure est agitée par un mouvement des esprits, qui s'exprime par des variations de sentiments. À tel moment, c'est l'Esprit Saint qui agit, à tel autre, c'est un esprit, qui n'est pas celui de Dieu, mais qui peut être Satan ou, diront certains, l'esprit de divertissement, nos pesanteurs, nos obscurités, nos défauts, notre égoïsme, etc. La question de l'existence d'un esprit du mal personnalisé a fait couler beaucoup d'encre, même parmi les chrétiens. Le démon est un personnage bien connu dans la Bible, l'Église croit dans son existence, les exégètes et les théologiens l'interprètent de diverses façons.

Interpréter les mouvements intérieurs

Quelle que soit notre opinion à ce sujet, ce qu'Ignace veut nous enseigner ici, c'est que, dans la succession de nos pensées et de nos sentiment, certains viennent de Dieu et d'autres non. Le chrétien a donc la responsabilité de chercher à identifier les signes de l'Esprit, afin de reconnaître sa présence et ses appels et d'y répondre promptement. C'est la condition pour grandir en liberté intérieure. Attentif à ce qu'il ressent, le « mouvement des esprits » l'informe sur la justesse de sa façon d'adhérer au projet de Dieu. C'est l'objectif du « discernement des esprits ». Progressivement, Ignace élaborera les règles du discernement, toujours à la lumière de son propre chemin spirituel.

En effet, le « pèlerin » basque procède à de fréquentes introspections et prête attention à ce qui se passe en lui. Peu à peu, il se confirme que son état affectif a un rapport avec sa vie spirituelle. Suivant la proximité qu'il vit avec Dieu ou sa distance vis-à-vis de Lui, il connaît des états de joie ou de tristesse. La question est alors : lorsque tout bouge en nous, que nous passons de la tristesse à la joie, de l'enthousiasme au découragement, comment pouvons-nous savoir si la cause vient de Dieu, ou bien de nous, ou alors d'une force négative ? À propos des critères de discernement des émotions qui nous agitent, Ignace emploie les expressions de « consolation » et de « désolation ». Quand nous sommes dans la consolation, nous nous sentons dynamisés, aimants, généreux, confiants, remplis d'espérance. Dans les moments de désolation, nous sommes dans l'obscurité, nous doutons de nous-mêmes, nous sommes dans le repli sur nous, l'enfermement. Nous pouvons évoquer ici les trois détresses fondamentales...

Comment interpréter les états dans lesquels nous sommes, afin d'avancer dans le sens de notre être profond, notre singularité, notre vocation propre ? Cette quête d'identité est une quête sous le regard de Dieu, elle exprime une soif de Dieu. Elle s'appuie sur la conviction que Dieu a un désir pour nous : notre épanouissement. Il nous propose un chemin qui nous correspond en vérité. Mais comment vérifier que nous sommes sur le bon chemin ? Comment être sûrs que notre propre désir répond à son désir pour nous ? Pour trouver la réponse à cette question, Ignace ne se contente pas de lire les Pères du désert qu'il connaît bien ou les grands auteurs spirituels. Il part de son expérience et note que, en demeurant dans le silence, la présence à soi, la méditation, la contemplation à partir de l'Écriture sainte, progressivement, des réponses sont données.

Il le constate dans la pratique régulière de la méditation chrétienne, qui est différente de la façon de méditer dont il a été question au début de notre itinéraire[7]. Ici, la démarche de prière mobilise tout notre être également, mais elle a un aspect discursif, de rumination d'une parole que l'on reprend et approfondit sans cesse. Dans la méditation chrétienne, notre intelligence est mobilisée, ainsi que notre mémoire – nous nous souvenons des grâces reçues ou des épreuves traversées. Notre imagination est sollicitée, de même que notre volonté et notre affectivité. Il y a aussi notre corps et notre respiration qui jouent leur rôle, selon les manières de prier. Bref, toute notre personne est concernée afin de correspondre à la grâce qui est donnée.

Avant d'en arriver aux conseils pour la prière, revenons-en au discernement des esprits. Au fur et à mesure que nous avançons dans la vie spirituelle, le discernement se fait plus subtil. Fondamentalement, il est important de découvrir que, quand nous ne sommes pas en conformité avec le projet de Dieu sur nous, au bout d'un temps, nous vivons dans la désolation. Peut-être qu'au début nous sommes contents de nous, attirés par des plaisirs passagers et superficiels ou satisfaits d'une décision égoïste. Mais, comme on l'a vu dans le récit d'Ignace, nous en gardons un arrière goût amer. À la longue, nous n'avons plus d'attirance pour la prière, une tristesse inexpliquée nous envahit. Un manque d'intérêt pour nos activités, un découragement, une diminution de la confiance, de l'espérance en Dieu, s'installent. Nous découvrons alors que notre état affectif, les sentiments négatifs qui nous traversent, sont des clés pour vérifier dans quelle mesure nous sommes engagés sur le chemin qui est bon pour nous, selon le désir de Dieu, qui nous veut heureux. À l'inverse, quand nous sommes sur un chemin de croissance dans nos relations, par rapport à notre travail, nos divers engagements, notre vie de prière, nous goûtons la consolation. Il s'agit des sentiments de joie et de paix... dont il a été question plus haut.

Relire notre vie dans l'Esprit

Pourtant, à l'usage, la vie intérieure se révèle plus complexe. En effet, le discernement des esprits à pour but de nous permettre d'avancer dans le sens de notre vocation profonde, à l'écoute de notre coeur profond. Quand nous découvrons que nous ne nous engageons pas dans la bonne direction, nous sommes invités à rectifier notre trajectoire. Or, il peut se faire qu'une désolation ne soit pas le résultat d'un manque de zèle de notre part ; la consolation, quant à elle, peut être temporaire et superficielle, avant de se muer en désolation. En effet, selon Ignace, la désolation peut aussi être une épreuve permise par Dieu pour faire grandir notre désir d'être avec lui. Et la consolation peut être provoquée, pendant un temps, par le démon qui cherche à nous détourner du bien en nous attirant ailleurs par des satisfactions provisoires. En termes plus actuels, nous dirions que l'Esprit Saint a sa propre pédagogie. Il est important de discerner avec prudence dans quelle mesure une désolation est un temps salutaire de purification ou le résultat de notre manque d'engagement sur notre chemin spirituel. Comment, alors, ne pas se fourvoyer ?

C'est le discernement soumis à l'épreuve du temps, ainsi que la « relecture »[8] de notre vie, qui permettent d'y voir plus clair. La relecture consiste à parcourir en pensée, avec la lumière de l'Esprit, une période donnée (journée, semaine, mois, année) en tâchant de se souvenir des événements et des mouvements intérieurs qui les ont accompagnés. Son objectif est de discerner quand Dieu a été à l'oeuvre et dans quelle mesure nous avons été fidèles à ses appels. Elle suppose de prendre un temps de silence et d'accueil de l'Esprit Saint, puis de faire acte de mémoire, en utilisant son intelligence, son imagination, toute sa sensibilité. Ici aussi la personne est mobilisée dans son intégralité, et le triple apaisement dont nous avons parlé à propos du corps et du souffle peut jouer un rôle important dans cette démarche. Ce que nous ressentons comme mouvement des esprits dans nos profondeurs, durant cette relecture, sert de base au discernement. Pour ce faire, il peut être utile de se servir d'un carnet spirituel où nous notons à certains moments tel ou tel sentiment fort qui nous a traversés, tel événement important. Cela nous permet ensuite de les relire et de repérer s'il existe une continuité entre nos états intérieurs... Par exemple, à propos d'un sentiment de découragement complet ou de très grande joie, nous pourrons établir un lien avec une parole qui nous a été dite, un événement que nous avons vécu, une personne que nous avons rencontrée. Il existe aussi la « consolation sans cause », dont nous avons déjà parlé, conséquence d'une action immédiate de Dieu dans le coeur profond. Tout cela ne demande pas de tenir un journal spirituel régulier, mais plutôt de recueillir les perles découvertes ou de repérer des bornes qui ont balisé notre itinéraire.

Il y a là une pédagogie selon laquelle notre vie est un combat spirituel, qui est particulier pour chacun. Bien souvent, nous oscillons entre, d'une part, l'attrait du monde, du matérialisme, du plaisir immédiat, des « passions » mauvaises qui nous laissent toujours insatisfaits, et, d'autre part, le désir de Dieu, d'une communion avec Lui, d'un amour plus grand pour les autres, d'une qualité de joie et de paix plus profonde, de la capacité de louer sans cesse. C'est cette consolation qui attirait le Pèlerin russe. Quant à Ignace, il nous dit que « l'homme a été créé pour louer, respecter et servir Dieu et par là sauver son âme »[9]. Quand nous Le louons[10], nous vivons ce en vue de quoi nous avons été créés : l'émerveillement devant la grandeur de l'amour de Dieu qui nous pousse à nous mettre à son service. C'est cela le bonheur que Dieu désire pour l'homme. Son Esprit est à l'oeuvre pour nous donner des signes ainsi que les dons et les « charismes »[11] nécessaires pour que nous puissions avancer dans la vie spirituelle.

Ce projet, nous le percevons à travers les mouvements de notre affectivité, quand nous avons appris à les discerner. Nous pouvons alors prendre des décisions en vue de mettre de l'ordre dans notre vie. Par les mouvements de consolation et de désolation, résultat de l'action de l'Esprit en nous, Dieu nous indique la direction vers laquelle il nous invite à avancer. En faisant grandir en nous le désir, il nous dit quel est son désir pour nous : c'est que nous le connaissions et vivions en plénitude. Nous ne pouvons approfondir les règles du discernement ici[12]. En revanche, nous allons voir comment la pratique de la méditation d'un texte d'Écriture représente aussi un lieu de discernement de l'authenticité de notre vie dans l'Esprit.

La pédagogie de saint Ignace s'est déployée dans un enseignement sur la prière, fondé sur l'expérience et des exercices pratiques. Elle repose sur la conviction que la Parole de Dieu nous est donnée pour aujourd'hui ; ce n'est pas un document du passé. Puisque c'est la

Parole de Dieu, qui s'est ainsi révélé à l'homme un jour dans l'histoire, elle a une valeur d'éternité et concerne toute l'humanité.

CONSEILS PRATIQUES

➢ Quelques repères pour la méditation

Dans la tradition ignatienne, lorsque nous entrons en méditation, ce n'est pas pour parvenir à une détente intérieure, à une intégration progressive de nos passions, à une harmonie des énergies qui déboucherait sur une forme de vacuité, comme on le rencontre dans des pratiques d'Extrême-Orient. Cette dernière façon de méditer peut nous aider à entrer dans une attitude d'intériorité, de calme. Nous nous immobilisons, nous nous posons, nous nous apaisons et nous nous concentrons. Mais, ensuite, nous passons à une autre forme de méditation, plus discursive, qui fait appel à l'intelligence et repose sur un échange avec Dieu, reconnu comme une personne qui s'adresse à nous. Nous nous mettons alors à l'écoute d'une Parole qui est donnée ou choisie pour cette prière. Nous mettons à l'oeuvre toutes nos capacités humaines pour rencontrer Dieu qui se donne dans sa Parole. Nous cherchons à comprendre ce qu'Il veut nous dire aujourd'hui, dans notre situation actuelle.

Comment pratiquer concrètement cette méditation ? Dans cette façon de méditer, nous sommes confrontés à un texte de la Parole de Dieu dont nous cherchons l'intelligence. Nous faisons donc un effort de compréhension. Ce travail peut nous renvoyer à des expériences vécues, c'est le rôle de la mémoire. Il y a aussi un travail de l'imagination, où nous essayons de visualiser la scène. En effet, là aussi Ignace apparaît comme un précurseur, parce qu'il a compris qu'en concentrant notre imagination sur la représentation de la scène racontée dans l'Écriture, nous pouvons y entrer avec toute notre sensibilité et notre intelligence. Ensuite, nous faisons appel à la volonté. À partir de ce que nous avons découvert et entendu pendant la méditation, nous choisissons l'acte que nous pourrions poser maintenant, et le décidons. C'est donc une façon tout à fait concrète et pratique de mettre en oeuvre une démarche spirituelle, qui s'inscrit aussi dans une maturation affective. Elle prend toute notre vie en compte ainsi que nos diverses capacités humaines (qu'Ignace appelle les « puissances »). Nous voyons bien le rapport qui existe entre cette manière de méditer et le chemin que nous parcourons ici en vue de *retrouver notre source intérieure*.

Ignace donne quelques conseils pratiques pour aider à se mettre en prière. Quand nous voulons prendre un temps de méditation, il est important de choisir le lieu qui nous convient ; ensuite la durée qui est bonne pour nous, là où nous en sommes maintenant de notre chemin spirituel. Ce qui importe, surtout pour les débutants, ce n'est pas de durer longtemps – dix ou quinze minutes peuvent être suffisantes – mais que nous nous y tenions absolument. La tentation est toujours de diminuer la longueur de la méditation, en général pour d'« excellentes raisons ». Puis, on se fixe le moment de la journée le plus propice au silence et au calme nécessaires. Pour certains ce sera la nuit, pour d'autres à l'aube, ou bien le soir. Ignace attire aussi l'attention sur la position du corps : qu'elle nous aide à être présents à notre prière, sans somnolence ni ascèse exagérée. On note déjà l'importance qu'il attache à la connaissance de soi et au respect de la mesure qui nous convient et qui peut différer d'une personne à l'autre.

Il y a ensuite le choix d'un texte, provenant de l'Écriture sainte, de préférence, ou d'un auteur spirituel. La méditation part généralement d'un texte, accueilli comme une parole de Dieu pour nous aujourd'hui. Il nous faudra être attentifs à la façon dont nous allons réagir à cette parole. C'est par elle que Dieu peut nous donner les lumières dont nous avons besoin pour le moment. Le choix ne peut pas être arbitraire. Nous pouvons prendre un des textes proposés par la liturgie quotidienne, ou méditer un livre d'Écriture à la suite, à l'aide d'un bon commentaire. On peut aussi conserver une liste de références qui nous parlent particulièrement. Le risque de la dernière démarche, c'est de ne retenir que les passages qui nous conviennent et vont dans le sens qui nous plaît. Or, il est bon que certains textes nous bousculent ou nous dérangent !

Par exemple, un texte peut provoquer chez nous un grand attrait, comme le récit où Matthieu quitte tout pour suivre Jésus[13]. Un autre peut susciter en nous un sentiment de tristesse ou de peur, ou nous mettre en question à propos de notre attachement à nos biens. Par exemple, le passage où le Christ rencontre un homme riche qui exprime un grand désir de tout faire pour posséder la vie éternelle. Quand Jésus lui dit de tout vendre, de donner l'argent aux pauvres pour se mettre à sa suite ; à ce moment-là, l'homme s'en va tout triste, car il a de grands biens[14].

Nous ne savons pas à l'avance l'effet que fera sur nous un passage d'Écriture, si nous l'accueillons dans nos profondeurs pour le « ruminer » et le laisser agir sur notre intelligence et notre affectivité. Il est possible également qu'un tel texte provoque chez nous un élan de générosité, où nous serons poussés à déclarer : « Seigneur, dis-moi ce que je dois faire pour te suivre, mais aide-moi à voir ce que je dois lâcher et donne-moi la force de le faire ». C'est ainsi que l'on peut découvrir un jour un appel particulier qui bouleverse notre vie, qu'il faudra discerner dans la durée.

Ce qui est important, c'est la « relecture ». Quand nous avons médité un texte, il ne suffit pas d'en rester à une démarche intellectuelle. Le grand profit d'une attention au mouvement des esprits, c'est qu'il nous dit comment nous réagissons en profondeur et en vérité. C'est pourquoi il est nécessaire de prendre conscience de nos sentiments et de connaître notre type de personnalité. Ils peuvent représenter des lieux privilégiés de la rencontre avec Dieu au quotidien. Ils nous apprennent à « voir Dieu en toute chose », comme le dit Ignace.

Nous verrons au dernier chapitre comment peut se dérouler une méditation ainsi que la façon de pratiquer une relecture fructueuse.

Notes

1. Pierre Emonet, « Ignace de Loyola et le Pèlerin russe, convergences et divergences », *Christus*, n°180, p. 480-489.

2. *Les exercices spirituels...*, 316.

3. *Récits...*, p. 70.

4. D'après Pierre Emonet, *art. cit.*, p. 484.

5. *Ibidem*, p. 486.

6. *Ignace de Loyola par lui-même, Texte intégral du Récit, Dessins de Charles Henin*, Paris, Vie Chrétienne, n°350, p.11-12.

7. Cf. chapitre 3, note 4, p. 48.

8. Celle-ci est expliquée plus loin.

9. *Exercices spirituels...*, 23.

10. Louer Dieu n'a pas le sens habituel de combler de louange ou de compliments, mais d'exprimer son émerveillement devant la grandeur de Dieu, de façon gratuite. La louange est différente du remerciement et suppose une plus grande liberté intérieure.

11. Pour la tradition chrétienne, un charisme, comme son nom l'indique (de *charis*, grâce, don, en grec), est un don gratuit fait à la communauté par l'Esprit Saint, pour son édification et pour sa mission. Dans un charisme, il y a toujours un appel et un envoi. Ce n'est pas un simple don naturel.

12. Cf. la bibliographie commentée en fin de livre.

13. Évangile de Matthieu, 9, 9 et s.

14. *Ibidem*, 19, 23 .

Chapitre XI

LA PRIÈRE CHRÉTIENNE

À la fin de ce parcours en quête de la source intérieure, il peut être utile de préciser en quoi consiste la spécificité de la prière chrétienne. Déjà, au fil des étapes, des éléments ont été donnés, entre autres à propos des diverses façons de comprendre la méditation[1].

Avant tout, il est nécessaire de situer cette prière dans le cadre d'une démarche de foi qui s'adresse à Dieu comme à une personne vivante, qui a pris l'initiative de se révéler à l'être humain dans l'histoire. Cette foi est commune aux trois religions monothéistes, aux « fils d'Abraham » : juifs, chrétiens et musulmans. Elle détermine la démarche religieuse pour une grande part, car elle définit la responsabilité de l'homme par rapport à sa vie spirituelle en termes d'accueil et de collaboration à un salut qui est offert. Ce n'est pas d'abord le résultat exclusif d'un travail réalisé sur soi-même, individuellement ou en communauté. Pour les juifs, c'est la Torah qui est centrale. La Loi apporte la lumière donnée par Dieu à l'homme pour gérer les implications de l'alliance avec lui jusque dans les détails du quotidien. L'étude de la Torah est au coeur de la foi juive. Pour les musulmans, le rapport à Dieu se définit surtout en termes de soumission à un Dieu transcendant de qui tout dépend. Pour le chrétien, Dieu s'est révélé surtout comme un Père et attend de l'être humain qu'il se situe vis-à-vis de lui dans une attitude filiale : fils (fille) et partenaire sur un chemin de salut, qui a été apporté par le Christ, Dieu devenu homme.

Les conséquences de la vision chrétienne de l'alliance et de la relation filiale sont nombreuses[2].

– Prier, c'est entrer en relation avec Dieu dans une attitude à la fois filiale et amicale. C'est un dialogue d'amour[3]. Dans son autobiographie, sainte Thérèse en parle comme d' « un rapport d'amitié où l'on s'entretient souvent et en solitude avec Celui dont nous savons qu'il nous aime ». Sans cette dimension de relation, même si ce n'est encore qu'un cri ou le balbutiement d'une foi qui se cherche, nous ne sommes pas encore dans une prière chrétienne. Seul l'Esprit rend capable de dire « Abba, Père » à Dieu.

– Dans la prière, c'est toujours Dieu qui prend l'initiative. Il est à la recherche de l'homme, pour le combler, dans un grand respect de sa liberté. Même quand nous pensons que nous avons pris l'initiative, c'est encore Dieu qui a suscité en nous le désir de nous tourner vers notre source.

– Quand nous prions, nous nous présentons tels que nous sommes. Nous n'avons pas à mériter l'amour ni à chercher à être dignes d'être aimés. Nous nous savons pécheurs, mais pécheurs pardonnés. Cela n'empêche que, comme dans toute rencontre respectueuse de l'autre, nous nous y préparons en tenant compte de la personne que nous rencontrons et en étant attentifs à la façon dont nous nous situons vis-à-vis d'elle. C'est le sens de la « crainte de Dieu » dans la Bible, la distance juste vis-à-vis de Celui qui nous est, à la fois, infiniment intime et totalement autre.

– Nous allons à la prière avec tout notre être. La fidélité à l'incarnation implique que toutes les dimensions de notre personne soient impliquées dans la prière. Cela inclut l'affectivité, la sexualité, le corps... Tout cela est bon et voulu par Dieu pour que nous entrions en relation avec les autres et avec lui. Le plaisir dont il nous gratifie à certains moments est une conséquence de sa façon de nous aimer dans toute notre personne. Inclure l'affectivité et le corps dans la prière fait partie de la foi chrétienne la plus authentique.

– L'une des premières découvertes de la prière chrétienne, c'est que nous sommes habités. Nous avons vu comment, par le triple apaisement et par la présence au souffle et au coeur profond, nous découvrons une source. Maintenant, nous expérimentons la présence d'un Dieu qui est Trinité (Père, Fils, Esprit) et qui répond aux trois détresses. Il vient établir en nous sa demeure et nous apporte force, lumière et amour. C'est Lui qui prie en nous.

– La prière commence par l'écoute, et toute la préparation apprise ensemble vise à une qualité de présence qui est une ouverture à cette écoute. Même si nous pouvons commencer à prier en nous adressant verbalement à Dieu pour entrer en relation avec Lui, c'est bien l'écoute – qui implique l'attention au « mouvement des esprits » – qui conditionne la profondeur et l'authenticité de la prière.

– La prière a toujours une dimension communautaire, même quand nous prions seuls. Le chrétien appartient à un corps infiniment vaste. Il est relié au reste de l'humanité, aux croyants des autres religions, et particulièrement à l'Église.

– « Voir Dieu en toute chose », comme le dit Ignace de Loyola, c'est reconnaître que tous les aspects de notre vie sont des occasions de prière. Même s'il est nécessaire de se retirer à certains moments « dans le secret[4] » pour méditer seuls, quand on commence à vivre dans l'Esprit, toute la vie devient prière. Il est donc important d'être vraiment présents à tout ce que nous vivons, même aux détails apparemment quelconques de l'existence[5].

– Une conséquence de cette ouverture est que nous sommes invités à passer par des médiations pour vivre notre relation à Dieu. Nous avons parlé de l'Écriture sainte, de la communauté. Il y a aussi les sacrements, qui, pour certaines Églises chrétiennes, sont les lieux privilégiés du don et de l'accueil de la grâce. La liturgie – avec ses symboles et ses rites – peut rejoindre diverses sensibilités. On peut encore ajouter les événements de l'histoire, les rencontres, le cosmos... La pratique du discernement nous apprend à interpréter tout cela dans la perspective d'une présence et d'une action permanente de Dieu dans les consciences et dans l'histoire de l'humanité.

– Il est donc normal que la prière chrétienne soit non seulement une prière sur le monde, mais débouche sur un engagement dans le monde. Quand le Christ annonce le Royaume de Dieu, non seulement il appelle à la conversion, mais il envoie témoigner. Aujourd'hui, l'engagement pour la justice et la paix est perçu comme la conséquence normale d'une vie de prière sincère. Il ne faudrait donc pas prendre les moyens pour des fins. On ne prie pas pour le plaisir de prier, même si celui-ci peut être présent et stimule la fidélité. Certes, il existe une qualité de joie et de fécondité qui découle de la prière et débouche sur une plénitude intérieure. Mais aucune méthode de prière n'est une fin en soi. Tout est au service de l'amour, dans un engagement concret où l'inspiration de l'Esprit rend créatif, inventif et, parfois audacieux jusqu'au sacrifice suprême à l'instar de celui du Christ qui « nous a aimés jusqu'au bout[6]. »

Le père Henri Caffarel décrit de cette façon les effets de la fécondité de la prière sur l'action du chrétien[7].

1. L'homme de prière voit dans ses activités un moyen de collaborer à la réalisation du dessein de Dieu, au-delà de son profit personnel.

2. Le ressort de son action, quelle qu'elle soit, est l'amour. Sa valeur ne réside pas que dans la perfection du travail réalisé.

3. Celui qui prie pose sur son action un regard autre. Dans les personnes comme dans les événements, il reconnaît la présence de Dieu.

4. La prière lui donne de la créativité, de l'inventivité, de l'audace. Nous le voyons dans la vie des saints mais aussi chez des personnes de notre entourage qui ont une authentique vie de prière.

5. Même s'il n'a pas l'occasion de témoigner explicitement de Dieu dans son travail, par la qualité de sa présence le chrétien qui prie peut déjà témoigner de Dieu.

Il fait également remarquer que si la prière pousse à l'action, celle-ci attire l'homme (la femme) d'action à la prière : pour offrir le monde, discerner les engagements, recevoir la force de la grâce, rendre compte à Dieu de ses joies et de ses peines dans ses activités, et enfin pour prendre du temps avec Celui qu'il (elle) aime.

CONSEILS PRATIQUES

➢ Quelques propositions concrètes

La pratique de la méditation ignatienne nous offre une bonne illustration de la prière chrétienne. Nous pouvons utiliser un schéma qui présente les étapes et les attitudes qui favorisent la méditation, particulièrement durant un temps de retraite. En l'adaptant, on peut l'utiliser dans la vie quotidienne.

Conseils pour la prière

1. Préparation de la prière

Il est utile, dans la mesure du possible, de choisir à l'avance le texte sur lequel on désire méditer. Si on médite le matin, le repérer la veille par exemple. Dans ce cas, on peut le parcourir et noter tel ou tel verset qui nous touche. Saint Ignace conseille aussi de chercher quelle grâce on pourrait demander au début de l'oraison, en rapport avec cette Parole.

2.Commencement de la prière

Il importe de bien soigner le début et la fin de la prière :

– Exprimons par le corps et l'esprit notre désir de trouver Dieu ; nous offrir à Lui avec tout ce que nous sommes pour nous laisser transformer.

– À deux ou trois pas de notre lieu de prière, voir comment Dieu nous regarde.

– Une fois installés, nous représenter par l'imagination ce que nous allons contempler ou méditer.

– À partir du sujet médité demander à Dieu « ce que je veux et désire », en fonction du point où nous en sommes pour le moment.

3. La prière

On prie à partir du texte choisi et préparé en accueillant ce qui se présente..., on fait ce que l'on peut, en sachant que ce qui se passe dans la prière ne peut être que donné. Il ne s'agit pas d'une simple réflexion intellectuelle ni d'une recherche d'émotions. Ensuite, la méditation conduit à exprimer à Dieu notre parole à nous en réponse à sa parole à Lui. « Faire un colloque (c'est le mot qu'emploie saint Ignace), c'est parler comme un ami parle à son ami... Tantôt, on demande une grâce, tantôt, on s'accuse d'une chose mal faite, tantôt, on confie ses affaires et on demande là-dessus conseil. »[8]

Il importe d'être fidèle au temps qu'on s'est fixé. Car, chercher Dieu, c'est le chercher pour ce qu'Il est et non pour ce qu'Il donne.

4. La fin de la prière

On la marque soigneusement par une prière vocale (par exemple, le *Notre Père*).

5. Après la prière

Quand c'est possible, il est utile de consacrer une dizaine de minutes pour faire mémoire du temps de prière, en s'interrogeant sur deux plans distincts :

– Sur ce qui dépend de nous, c'est-à-dire la forme de la prière (cf. les conseils pratiques ci-dessus). Nous considérons quelle attitude corporelle nous a aidés, si nous avons prié ou non avec tout ce que nous sommes, c'est-à-dire intelligence, mémoire, affectivité. Le comportement que nous avons eu par rapport aux distractions.

– Sur ce qui s'est passé dans la prière : noter pour soi et par écrit, pour en garder la mémoire, les goûts et lumières ou dégoûts, résistance et obscurité suscités par telle parole de l'Écriture, par telle pensée ou image survenue dans la prière, ou par tel aspect de ma vie.

Ce petit exercice de relecture, après la prière proprement dite, est très utile pour progresser dans la prière, éduquer le discernement et être attentifs à la manière dont Dieu nous conduit. Il a de plus l'avantage de préparer ce que nous aurons à dire à l'accompagnateur, si nous sommes dans le cadre d'une retraite. Sainte Thérèse d'Avila disait : « Ce sont trois choses différentes : d'avoir une faveur de Dieu, de savoir que j'en ai une, et de pouvoir en parler. »

Le *temps de la prière* proprement dite représente donc un espace de « rumination » et d'accueil. Nous laissons monter ce que le texte suscite en nous et, à la fin, nous relisons comment la scène ou la parole qui ont fait l'objet de la méditation, nous ont fait réagir : joie, colère, tristesse, indifférence... Le but de la relecture est de nous faire percevoir, à la suite de la méditation de ce texte, comment nous nous situons vis-à-vis de Dieu quand il s'adresse à nous de cette façon. Qu'est-ce que cela nous dit de notre liberté intérieure, des valeurs qui nous font vivre, des obstacles qui, peut-être, nous rendent tristes, ce qui nous rend heureux, ce qui nous libère, ce qui nous enchaîne. La méditation n'est pas le lieu du discernement mais elle en fournit la matière. Elle nous aide aussi à prendre conscience de notre désir. Par ailleurs, il ne faut pas s'inquiéter si, bien souvent, il ne « se passe rien ». La fidélité au temps accordé à la rencontre est déjà un acte de confiance et d'abandon, et donc une démarche authentique de prière.

– Ce *travail de relecture*, Ignace propose de le faire régulièrement dans la vie courante, si possible tous les soirs en repassant notre journée en revue. Nous avons vu que le but n'est pas de faire la liste des moments où nous avons échoué dans nos objectifs. Nous rendons d'abord grâce à Dieu pour la journée, ensuite nous tâchons de percevoir où Il était présent dans notre journée, comment nous l'avons reconnu, quand nous avons préféré ne pas le reconnaître, ou nous n'avons pas pu le reconnaître dans une rencontre, un événement, un sentiment... Enfin, nous pouvons lui demander pardon, lui offrir notre désir d'avancer plus loin, telle résolution...

– Considérons aussi ce que dit Ignace de Loyola à propos de la manière de *prier par rythme.*

« **En chaque souffle de la respiration, on priera mentalement en disant un mot du *Notre Père* ou d'une autre prière que l'on récite, de façon à ne dire qu'un mot entre chaque respiration. Pendant l'intervalle entre une respiration et la suivante, concentrez le regard sur le sens du mot ou sur la personne à qui s'adresse la prière, ou sur ma propre bassesse[9], ou sur la différence entre toute sa grandeur et ma bassesse à moi. On procédera suivant la même disposition et les mêmes règles pour les autres mots du *Notre Père* ; pour réciter les autres prières également : le *Je vous Salue***

Marie, le *Je crois en Dieu*, etc... Le lendemain on reprendra cela sur ce rythme. Qui voudrait s'arrêter plus longuement sur la prière par rythme peut réciter toutes les prières précédentes ou une partie de celle-ci, en suivant la même pratique de respiration rythmée comme on l'a expliqué[10]. »

La démarche est différente de celle de la prière du coeur, puisque qu'on découpe une prière que l'on connaît en prenant les mots les uns après les autres sur le rythme de la respiration. Certes, on peut ne prendre qu'un seul mot, comme par exemple : Père ou Notre Père, et puis sur le rythme de la respiration entrer dans cette réalité : « Tu es mon Père et je suis ton enfant bien-aimé » et ne faire que cela. Il dit aussi, ne changez pas d'exercice tant que vous tirez du bien de celui que vous êtes en train de faire. Il veut éviter une certaine boulimie qui consiste à chercher à accumuler des expériences dites spirituelles. Certaines personnes ont tout essayé, mais n'ont pas bougé d'un pouce sur le plan spirituel. Dans toutes les traditions, il est dit : la patience, la durée, la répétition et l'acceptation d'avancer lentement sont des conditions *sine qua non* pour progresser. Dans ces conseils, Ignace exprime son attention au corps, au souffle, à la position qui aide à prier, dans le respect de l'état de chacun.

Si nous désirons associer le travail sur le corps, le souffle et l'assise méditative que nous avons commencé à pratiquer, nous pouvons les employer comme une préparation physique, mentale, affective et spirituelle. À l'étape « commencement de la prière », nous pouvons prendre la posture de méditation et nous intérioriser à l'aide du triple apaisement. Cela peut déjà être une forme de prière. Ensuite, une fois le corps apaisé, le mental pacifié et l'affectivité unifiée, nous pouvons entrer dans le texte choisi, que l'on peut lire deux fois de suite, en laissant un intervalle favorable à un premier accueil du texte. (Ne pas hésiter à lire le texte deux fois, dans un groupe). Si nous craignons de ne pouvoir rester immobile dans l'assise assez longtemps, on peut, avant de lire le texte, quitter très lentement la posture (afin de ne pas perdre le bénéfice de la concentration et de la détente) pour prendre une position que nous pouvons maintenir plus longtemps. Tout cela se réalise en évitant le plus possible les distractions.

Nous pouvons donc entrer dans la démarche de méditation par une mise en présence pendant dix à quinze minutes, jusqu'à ce que nous nous soyons posés dans le calme et l'immobilité. Notre texte a déjà été choisi et parcouru, si possible. Nous aurons peut-être déjà repéré telle ou telle parole importante pour nous. Si nous sommes débutants, ne nous sentons pas obligés de prendre d'emblée toutes les étapes qui ont été indiquées, et en même temps, n'hésitons pas à plonger quand nous en ressentons le désir.

Comment procéder pour prier sur un texte ?

Il a déjà été question de la façon de choisir un texte. J'ajouterais qu'il est aussi possible de retenir un texte qui correspond au stade où nous en sommes aujourd'hui sur notre chemin spirituel ou dans notre vie affective. Par exemple, si nous sommes tristes, nous pouvons prendre un psaume où le psalmiste (l'auteur) est fâché contre Dieu et le lui dit. Parfois il s'écrie : « Yahvé, on ne te voit pas, tu ne réagis pas, est-ce que c'est intéressant pour Toi que j'aille dans la fosse, car dans la fosse je ne pourrai pas te glorifier ! Mon Dieu tu as tout intérêt à me garder vivant pour que je te glorifie »[11]. D'autres psaumes sont d'une très grande douceur : « mon âme repose en moi comme un enfant tout contre sa mère[12]. » On rencontre des images vraiment maternelles. D'autres disent : « Seigneur, tu me sondes et tu me connais, que je me lève ou m'assoie, tu le sais, que je marche ou me couche, tu le sens, mes voies te sont toutes familières[13]. » C'est l'expression d'une tendre proximité avec Dieu. La richesse des psaumes s'exprime par la palette des sentiments. C'est une bonne porte d'entrée dans cette « bibliothèque » que représente la Bible avec sa diversité de livres et de styles littéraires.

À propos de la *durée*, si nous nous décidons pour un quart d'heure, que nous restions tout le quart d'heure, puisque que nous avons décidé de prendre ce temps pour Dieu. Faisons ce que nous pouvons, sachant que ce qui se passe dans la prière nous est donné. Ce n'est pas à nous de prédire à l'avance : « Cela va être une bonne prière, je vais y prendre beaucoup de plaisir, je suis en forme ! » Peut-être que quelque chose nous sera donné, mais que nous serons tellement absents que nous ne ressentirons rien. Peut-être que, pour le moment, rien ne nous est donné et que nous sommes mis à l'épreuve dans notre fidélité, ou bien, soudain nous recevons une grâce de paix et de joie et nous nous en émerveillons....

Ignace parle du *colloque*. Au sens étymologique du mot, cela veut dire « parler avec ». Le colloque est l'aboutissement de la méditation, où nous parlons directement à Dieu ou éventuellement à un personnage de la scène ou à la Vierge Marie, exemple du coeur qui écoute et accueille... « Comme un ami parle à son ami », nous aurons envie de dire, par exemple, « Seigneur, quand je vois cette scène du jeune homme riche, je suis complètement dépassé par les événements, je me sens incapable de te dire oui, je me sens totalement enchaîné, viens me libérer . » Ce sera peut-être aussi, « Seigneur, je te rends grâce de me donner une paix fabuleuse ce matin, je vais pouvoir repartir dans ma journée avec cela ». Nous nous adressons directement à Dieu avec une confiance d'enfant.

Les fruits de la *relecture* sont réels. Bien des fois il m'est arrivé, dans des situations où je ne voyais pas clair, de sentir à la fin de la méditation dans quel sens devait aller la décision que je devais prendre. Par exemple, à propos d'une démarche qui m'insécurisait. Je ne dis pas que la peur est partie d'emblée, mais j'ai eu le courage de la faire, parce que de la lumière m'avait été donnée. Cette intuition née de la méditation doit cependant être vérifiée dans la durée. Progressivement, nous pouvons prendre conscience que Dieu s'adresse à nous grâce aux mouvements de notre affectivité, en lien avec une parole de l'Écriture qui les suscite et les provoque. Sainte Thérèse d'Avila considère que nombre de personnes ne sont pas conscientes des signes que leur donne Dieu. Elles ne sont pas en contact avec ce qui se vit dans leur coeur profond. Elles se plaignent sans cesse : « Dieu ne s'occupe pas de moi », mais elles ne lui laissent pas trente secondes pour leur parler. Il est important de se taire, de se mettre dans une attitude d'écoute, alors Dieu aura peut-être la place pour nous communiquer une parole. Le travail de relecture peut nous préparer, d'abord, à réaliser qu'effectivement Dieu nous fait des clins d'oeil, ensuite de pouvoir les identifier, les noter, puis en parler. C'est le fil rouge ou les petits cailloux blancs qui nous sont mis le long de la route et que nous pouvons retrouver sur notre chemin.

Un exemple de prière à partir d'un texte

Prenons un texte et lisons-le une première fois. Plus tard, nous prendrons une dizaine de minutes pour nous mettre en position d'écoute (prendre la posture...). Puis, nous le relirons, calmement et nous l'accueillerons dans un long temps de silence, attentifs à ce qu'il fait bouger en nous.

– Première lecture

Le texte parle de la rencontre de Jésus avec Zachée en Luc 19, 1-10. Tâchons de nous imaginer la scène. Regardons les personnages, les gestes, les paroles échangées, les changements de comportements entre le début et la fin. Voyons où nous nous situons : dans la foule ? À la suite de Jésus parmi les apôtres ? Sur l'arbre avec Zachée ? Ou dans sa maison quand il annonce qu'il va rendre aux pauvres ce qu'il leur a volé ? Où sommes-nous ? Qu'est-ce qui réagit et bouge en nous à ce récit ?

> **« Entré dans Jéricho, [Jésus] traversait la ville. Et voici un homme appelé du nom de Zachée ; c'était un chef de publicains, et qui était riche. Et il cherchait à voir qui était Jésus, mais il ne le pouvait à cause de la foule, car il était petit de taille. Il courut donc en avant et monta sur un sycomore pour voir Jésus, qui devait passer par-là. »**

Soyons attentifs à tous les verbes d'action : Zachée qui cherche, il court en avant, il monte, Jésus passe, suivi de la foule.

> **Arrivé en cet endroit, Jésus leva les yeux et lui dit : « Zachée, descends vite, car il me faut aujourd'hui demeurer chez toi. » Et vite il descendit et le reçut avec joie. Ce que voyant, tous murmuraient et disaient : « Il est allé loger chez un homme pécheur ! » Mais Zachée, debout, dit au Seigneur : « Voici, Seigneur, je vais donner la moitié de mes biens aux pauvres, et si j'ai extorqué quelque chose à quelqu'un, je lui rends le quadruple. » Et Jésus lui dit : « Aujourd'hui le salut est arrivé pour cette maison, parce que lui aussi est un fils d'Abraham. Car le Fils de l'homme est venu chercher et sauver ceux qui étaient perdus. »**

Peut-être que déjà en entendant ce texte, il y a quelque chose qui nous touche. Cette scène nous donne peut-être envie de nous adresser au Christ. Nous percevons un désir en nous par rapport à l'attitude de Zachée face à Jésus. Laissons-le monter, prenons-en conscience, nous pourrons y revenir quand nous relirons le texte.

– Prise de la position et deuxième lecture

Maintenant mettons-nous dans notre posture habituelle et entrons dans le recueillement puis dans le texte. Regardons Zachée essayer en vain de percevoir Jésus, se faufiler et courir pour le devancer, dépassant le respect humain par rapport à sa fonction pour monter dans l'arbre... Est-ce vraiment une simple curiosité ? Quel était son désir profond ? Regardons sa surprise d'être découvert, l'invitation insolite, la hâte de la rencontre : « Descends vite », « vite il descendit » : son coeur était déjà disponible... Puis la conversion, les promesses de remboursement... Zachée « debout »... rendu à sa vraie taille, à sa dignité de fils d'Abraham... Son émotion... Et la confirmation de Jésus : le Fils de l'homme est venu pour chercher et sauver ce qui était perdu... Où sommes-nous dans cette scène ?

– *La suite de la prière ;* continuons-la à notre façon... puis nous en ferons la relecture si nous trouvons le temps. N'hésitons pas à la faire de temps en temps !...

Au début, il est bon de prendre des textes qui nous touchent directement : un psaume, un récit où le Christ rencontre des gens, les appelle, les guérit, les envoie... Ces récits mobilisent notre imagination et notre sensibilité et, en même temps, ils nous invitent à réfléchir sur notre comportement aujourd'hui et sur ce que nous pouvons décider pour avancer plus loin, ne fut-ce que d'un petit pas...

– *Comment sait-on que l'on progresse ?*

Aux fruits que nous commençons à recueillir. Si nous constatons que nous grandissons en liberté intérieure, dans l'amour, alors ce n'est pas de la pure imagination. Si nous nous embarquons dans de grands enthousiasmes et que nous nous décourageons pas à la première résistance, nous pouvons nous dire qu'il y a un problème de discernement. Nos choix sont-ils ajustés à la personne que nous sommes aujourd'hui ? En outre – car nous ne sommes jamais tout à fait sûrs, c'est le but du travail de relecture – posons-nous régulièrement la question : quel est le fruit de ces décisions que j'ai prises la semaine dernière, ou bien il y a un mois ou deux ? Quelle est la qualité de liberté, de sérénité qui domine, même si j'ai des moments difficiles, des hauts et des bas ? Suis-je dans un état général où je me sens bien ? C'est là que nous pouvons vérifier la justesse de notre démarche. Avec un peu d'expérience, la relecture peut se faire brièvement, le soir ou au moment même d'un événement. Une pratique régulière du discernement nous prépare à entrer dans ce que la tradition hésychaste appelle la garde du coeur, c'est-à-dire la vigilance de l'amour... Par exemple : on peut prononcer une parole et sentir aussitôt que ce n'est pas juste. Parfois il est possible de la rattraper. C'est aussi un fruit de la pratique du discernement.

Au terme des exercices pratiques proposés tout au long de cet ouvrage, nous avons pu constater qu'il existe un grand nombre de manières de prier. La méditation ignatienne peut être vécue en parallèle ou en alternance avec la prière du coeur. Chacun est invité à trouver ce qui l'aide le plus à avancer sur ce chemin d'intériorité, à retrouver sa source intérieure telle qu'elle se répand aujourd'hui, en tenant compte de l'ensemble des dimensions de sa personne. Le reste sera donné par surcroît.

Notes

1. Cf. le chapitre 3, note 4 et le chapitre 10, à propos de la méditation ignatienne.

2. Notre objectif n'est pas de procéder à une quelconque comparaison avec d'autres démarches spirituelles ni de cultiver un sentiment de supériorité bien illusoire. Dieu seul connaît le coeur de l'homme et comprend le cours de l'histoire.

3. Dans ce paragraphe, je m'inspire de Jean-Michel Dumortier, *op. cit*, p. 21-26.

4. Évangile de Matthieu 6, 6.

5. Cf. Karl Graf Dürkheim, *La pratique de la voie intérieure ; le quotidien comme exercice*, Édition Le courrier du livre.

6. Évangile de Jean 13, 1. La fin du XXe siècle a été marquée par un grand nombre de martyres de chrétiens.

7. *Op. cit.*, p. 97-101.

8. *Exercices spirituels...*, 54.

9. Ce terme peut choquer aujourd'hui. Il renvoie au contraste entre la grandeur de l'amour de Dieu et la pauvreté de notre réponse.

10. *Exercices spirituels...*, 258-260.

11. D'après le psaume 87.

12. Psaume 130.

13. Psaume 138.

Conclusion

EN ATTENDANT L'INATTENDU...

Arrivés au terme de cette proposition d'initiation à la vie intérieure, certains ont peut-être commencé à percevoir le murmure de la source qui sourd dans leurs profondeurs. Certains se mettent à s'y désaltérer, ou même à en abreuver d'autres. Il est possible également que l'un ou l'autre ait l'impression de ne pas avoir beaucoup bougé et soit tenté de se décourager. Le chemin de chacun d'entre nous est singulier ; évitons de nous comparer, mais n'hésitons pas à nous évaluer, puisqu'il a été question de relecture.

Cet ouvrage offre simplement quelques pistes et quelques conseils pour vivre au niveau de nos profondeurs. J'ai insisté sur une lecture progressive accompagnée d'exercices pratiques réguliers. Cela demande du temps, de la patience, de la vigilance. En effet, il n'existe pas de « pèlerinage » qui éviterait les chemins sinueux, les pentes ardues, les traversées solitaires. En outre, nous ne pouvons percevoir le murmure d'une source qu'en nous immobilisant dans le silence, sensibles à la fraîcheur de l'air qui nous indique que nous approchons, alors que nous dilatons nos poumons. Sans doute avons-nous mieux compris qu'un chemin spirituel se parcourt avec tout notre être, toutes les dimensions de notre personne : corps, affectivité et intelligence, jusqu'à rejoindre notre coeur profond, le lieu où frémit la source intérieure. Il se parcourt aussi avec toute notre vie. Il ne peut se réduire à des méthodes et des connaissances, aussi utiles soient-elles, encore moins à des techniques, et nous invite à accueillir une sagesse, peut-être à vivre une conversion. En effet, la méditation mobilise toute la vie et la nourrit en retour. Il n'est pas nécessaire d'appartenir à une religion précise pour parcourir avec fruit cette partie de notre itinéraire sur un chemin d'intériorité.

Ceux qui se sont mis en route résolument ne se contenteront pas indéfiniment des enseignements prodigués ici sur la sagesse du corps, la prière du coeur ou le discernement des esprits. Ils voudront avancer plus loin en eau profonde... À eux de discerner quand et comment procéder, compte tenu de la personne qu'ils sont aujourd'hui et des appels qu'ils auront soigneusement discernés sur leur itinéraire. Certains voudront rejoindre un groupe spirituel, une Église... Je les y encourage.

Puisqu'il s'agit d'un ouvrage d'initiation, nous devinons qu'il existe d'autres moyens pour approfondir notre recherche et libérer la fécondité de notre source intérieure. Nous y avons fait allusion. À certains moments, pour ceux qui sont engagés sur un chemin chrétien, nous avons parlé de la source intérieure comme du lieu d'une Présence, celle de Dieu qui habite les profondeurs de l'être humain, de l'Esprit qui l'éclaire. En effet, il est possible de Le rejoindre par ce travail que nous avons expérimenté ensemble. La méditation est un moyen privilégié d'accéder à une Parole qui est une invitation et une source de vie. Dans la tradition chrétienne, il existe d'autres sources importantes. Il est vrai que nous ne pouvons nous y abreuver en plénitude que si la source intérieure a commencé à être dégagée. Parmi celles-ci, il y a les sacrements, pour ceux qui peuvent y avoir accès. Je connais la souffrance de chrétiens qui ne peuvent les recevoir, dont certains vivent cette impossibilité comme une exclusion douloureuse. Heureux ceux qui ne se ferment pas à un chemin spirituel pour autant ! L'eucharistie et la réconciliation, entre autres, sont des sacrements d'autant plus importants pour la vie spirituelle qu'ils sont des lieux de ressourcement, de libération et de guérison et qu'ils ouvrent sur une communauté. C'est aussi le cas de l'onction des malades. Ne pensons pas trop vite que nous pourrons poursuivre isolément un chemin spirituel, être capables de nous renouveler régulièrement en restant seuls. Or, dans cette initiation, nous n'avons pas épuisé tous les moyens spirituels disponibles. Nous avons besoin de cheminer avec d'autres pour ne pas tout lâcher aux moments de doute, de lassitude ou de découragement. Il existe des lieux de ressourcement et des maîtres ou des accompagnateurs spirituels. Ces personnes sont là pour répondre à nos questions et nous révéler les possibles qui sont en nous. Ils peuvent être des bergers fraternels, ou des icônes de la tendresse de Dieu pour nous, à l'instar du Christ.

Dans le doute, dans l'échec, dans le péché, continuons à nous offrir au soleil de l'amour et à nous réserver des espaces pour nous laisser visiter dans le silence et l'immobilité, au niveau de notre coeur profond. Dieu n'enferme jamais personne dans ses erreurs, son regard sans cesse nous espère. Soyons réalistes, ce que nous avons commencé n'est qu'un premier pas sur un chemin qui offre une plénitude à ceux qui ouvrent les mains sans rien retenir.

Enfin, est-il vraiment possible de conclure ? Ce chemin ne se terminera jamais, pas plus que notre démarche dans une quête de l'essentiel, de recherche de Dieu, d'abandon à un Père qui nous invite à chaque instant : « Tu es mon enfant bien-aimé, laisse-toi aimer... ». Oui, il y a déjà un fruit dans le chemin lui-même... et la fin nous échappe, mais nous croyons qu'elle sera radieuse..., car Quelqu'un nous attend et nous appelle par notre nom...

Ce qui compte, c'est de se mettre en route, de ne jamais se croire arrivé, d'être capable de s'étonner des découvertes ; de ne pas douter, quand envahit l'obscurité, des émerveillements vécus aux moments de plénitude... Accepter les périodes de régression, oser la patience et donner du temps au temps... Tout accueillir, tout recueillir, tout offrir... Et oser nous aimer nous-mêmes, avec nos fragilités, nos blessures, nos pauvretés... ; et aussi avec les merveilles qui frémissent en nous et dans lesquelles nous ne croyons pas assez, car nous ne comprenons pas encore tout ce que signifie avoir été créés à l'image de Dieu.

Nous avons appris tout doucement à respirer l'Esprit lui-même dans le souffle qu'il nous est donné d'accueillir à chaque instant... Celui-ci nous renouvelle... Il nous murmure : « Viens vers le Père »... et il nous invite : Va vers ton frère, ta soeur, car c'est ensemble que nous pouvons avancer, ne lâche pas la cordée, ne coupe pas le lien de solidarité, vois comme nous avons besoin les uns des autres... N'oublie pas que nous sommes responsables de ce que nous avons apprivoisé... Demeure dans l'amour, laisse agir la tendresse, apprends à pardonner, en commençant par toi-même.

C'est donc dans l'espérance, les yeux fixés sur un horizon où se lève l'aurore de la résurrection, la main dans la main, que nous poursuivons notre quête, que nous libérons la source, que nous devenons ce que nous sommes : fils et filles bien aimés du Père, à l'image du Fils...

> « L'eau que je te donnerai deviendra en toi une source jaillissant en vie éternelle[1]. »

Note

1. À partir de l'Évangile de Jean 4, 14b, où Jésus rencontre la Samaritaine.

Bibliographie

POUR POURSUIVRE SUR
UN CHEMIN D'INTÉRIORITÉ...[1]

Dans l'esprit d'une rencontre entre des pratiques inspirées de l'Extrême-Orient et du christianisme :

Anthony de Mello, *Un chemin vers Dieu, Sadhana,* Montréal-Paris, Bellarmin, DDB, 1983, 199 pages. L'auteur est un jésuite indien aujourd'hui décédé. Dans ce livre, il propose des exercices pratiques sur le corps, le souffle... ainsi que des méthodes de prière chrétienne enrichies des pratiques de l'hindouisme.

Bernard Rerolle, *Prier corps et âme, Renaître de l'eau et du souffle,* Paris, Centurion, 1994, 161 pages. L'auteur, un religieux mariste qui connaît bien le Japon propose des exercices de prière chrétienne éclairée par la rencontre avec l'Orient (particulièrement le bouddhisme zen).

Jean-Michel Dumortier, *Chemins vers l'oraison profonde,* Paris, Cerf, Coll. Essais, Sagesse du corps, 1986, 174 pages. L'auteur, un frère carme, propose pour des chrétiens une initiation à différentes formes de prière, y compris par le geste et par la danse.

Dans l'esprit de la tradition chrétienne orthodoxe et de la recherche de K. Garf Dürckheim.

Alphonse et Rachel Goettmann, *L'au-delà au fond de nous-mêmes, Initiation à la méditation,* Paris, Albin Michel, 1997 (1re éd. Béthanie, 1982),

---

1. Tous ces livres peuvent être lus par un public non spécialisé, sauf indication contraire.

218 pages. Les auteurs, un prêtre orthodoxe et son épouse, animent depuis une trentaine d'années des sessions diverses à propos de la prière du corps, du coeur, de la connaissance de soi. Dans ce livre, ils proposent une initiation à la prière dans cet esprit (à Béthanie, 57680 Gorze). Certains commentaires théologiques sont de lecture plus difficile.

Alphonse et Rachel Goettmann, *Prière de Jésus, prière du coeur*, Paris, Dervy, coll. Béthanie, 1988, 219 pages. Sur l'origine et les effets de la prière du coeur.

Jean Laloy (trad.), *Récit d'un pèlerin russe*, Paris, Seuil, Livre de Vie, 63, 184 pages.

Jacques Serr et Olivier Clément, *La prière du coeur*, Bellefontaine, Spiritualité orientale, 6 bis, 1977, 123 pages.

Pour une meilleure connaissance de la tradition ignatienne

Ignace de Loyola par lui-même, Texte intégral du Récit, Dessins de Charles Henin, Paris, Collection Vie Chrétienne, n° 350. Le « récit du pèlerin » Ignace de Loyola.

Jean-Claude Dhotel s.j., *La spiritualité ignatienne. Points de repère*, Collection Vie Chrétienne, n° 347, 70 pages.

Jean Gouvernaire s.j., *Mener sa vie selon l'Esprit*, Collection Vie chrétienne, n° 204, 64 pages. Un commentaire des premiers critères de discernement selon Ignace de Loyola.

Claude Flipo s.j., *Initiation à la prière*, Supplément à Vie Chrétienne, n° 189, 63 pages.

Michel Rondet s.j., *Petit guide de la prière*, Paris, DDB.

Sur la prière chrétienne en général

Henri Caffarel, *Cinq soirées sur la prière intérieure*, Paris, Feu nouveau, 1980, 140 pages. Il s'agit d'un cycle d'initiation à la prière chrétienne en général, sans exercices pratiques, mais avec réalisme et prise en compte de l'affectivité et du corps.

Un regard nouveau sur le Christ

Eloi Leclerc, *Le Royaume caché*, Paris, DDB, 1987.

Sans oublier d'autres références bibliographiques au fil des chapitres...

Annexe

EXERCICE DE RELAXATION[1]

Choisissez, si possible, une pièce calme avec un éclairage tamisé.
Allongez-vous sur un tapis de sol suffisamment épais pour être
confortablement installé.
Vous mettez un petit coussin sous votre nuque[2].
Couvrez-vous avec une couverture car la relaxation peut procurer
une sensation de froid.

➢ Le premier pas pour rentrer dans la relaxation, c'est d'être là, vraiment conscient d'être là.

➢ On s'étend de tout son long et on entre dans cette conscience : je m'étends de tout mon long.

➢ Je suis étendu de tout mon long, des pieds à la tête, de la tête aux pieds et la respiration se fait profonde.

➢ Vous ouvrez légèrement les jambes et vous veillez à ce que votre menton regarde votre sternum, (si votre menton regarde le ciel, votre nuque ne peut pas se détendre et vous risquez de vous évader et de vous endormir).

➢ Les bras sont le long du corps sans les serrer contre le corps.

➢ Les paumes des mains sont tournées vers le ciel ou bien si cela vous donne des tensions, laissez reposer les mains sur leurs tranches externes. (Ne gardez jamais les paumes des mains en contact avec le sol, cela vous empêcherait de vous détendre).

➤ Maintenant fermez vos paupières, laissez émerger le sourire des yeux. Entrez profondément dans le « sourire des yeux » pour que votre visage tout entier puisse se détendre. Il y a une telle puissance, une telle énergie dans ce sourire que vous arrivez à détendre votre cerveau et aussi tout le système nerveux autonome. Sentez bien vos yeux qui sourient et tout votre visage est dans la paix, la confiance, sentez cela.

➤ Maintenant vous vous concentrez sur les talons. Sentez bien l'endroit où vos talons sont en contact avec le sol et à partir de là vos pieds vont se détendre. Quand on arrive à se détendre dans les pieds, déjà, en puissance c'est le corps tout entier qui arrive à se détendre.

➤ *Par la puissance de la pensée*, éveillez bien la plante des pieds, vous pouvez par la pensée gratter vos talons et la peau de la plante des pieds et remonter ainsi jusqu'à la racine des orteils. Tirez vos orteils l'un après l'autre en partant de la racine jusqu'à la pointe.

➤ Sentez comment vos plantes des pieds s'éveillent, elles deviennent toutes vibrantes, les pieds sont détendus.

➤ Sentez maintenant les malléoles de vos chevilles, laissez tomber vos pieds vers l'extérieur. La détente gagne vos chevilles.

➤ Allez vous poser dans vos deux mollets et abandonnez toute tension au niveau de vos mollets, lâchez-les bien dans le sol. Vous êtes entièrement détendus dans vos mollets.

➤ Alors vous pouvez vous poser dans le creux de vos genoux et promener votre conscience dans le creux de vos genoux. Cela vous donne tout un massage et à partir de là vous sentez vos jambes toutes décontractées.

➤ Sentez maintenant vos cuisses en contact avec le sol. Lâchez-vous complètement dans les cuisses, elles adhèrent carrément au sol, laissez-les faire, laissez-vous faire par la détente. D'habitude c'est nous qui agissons, là c'est la détente qui agit. Vous percevez une chaleur qui se répand dans vos membres.

➤ À partir des aines de vos cuisses, prenez conscience de vos deux jambes longues et lourdes sur le sol.

➤ Maintenant à l'inspir, resserrez tout fort le muscle annal et lâchez-le sur l'expir, encore une fois inspirez en resserrant le muscle anal. Lâchez sur l'expir et sentez le corps qui se déroule et qui se détend.

➢ Sentez bien les muscles fessiers sur le sol et laissez-vous aller, abandonnez-vous totalement dans vos muscles fessiers. Sentez cette souplesse des muscles.

➢ Et maintenant les hanches s'écartent et vous vous laissez aller dans le sacrum qui se détend, sentez-vous vivre dans le sacrum.

➢ Montez lentement dans la colonne vertébrale posez-vous sur les vertèbres lombaires. Souvent nous sommes coincés dans les vertèbres lombaires, nous sommes raides, nous y vivons mal. Prenez conscience de vos lombaires et laissez-vous complètement aller à ce niveau et pour que se soit plus facile, à l'inspir vous rentrez le ventre et sur l'expir vous lâchez le ventre. Vous lâchez complètement les vertèbres lombaires.

➢ Encore une fois j'inspire en rentrant mon ventre, j'expire et je me laisse aller dans mes vertèbres lombaires et je sens le creux des vertèbres lombaires qui se détend.

➢ Si les vertèbres sont tellement tendues c'est parce qu'elles cachent tant de peurs. Abandonnez toute peur, sentez-vous en sécurité à cet endroit. Laissez-vous aller et sentez la détente, vos lombaires sont souples.

➢ Et maintenant le dos s'étale, ouvrez le dos, sentez toute la largeur du dos et vous rentrez dans la détente de vos vertèbres dorsales. Laissez-vous aller tranquillement dans votre dos, lâchez tous les poids inutiles, toutes les surcharges, toutes les angoisses. Quel bonheur de libérer son dos ! Goûtez ce bonheur.

➢ *Par la puissance de la pensée*, je soulève mes épaules jusqu'aux oreilles.

➢ Je soulève, je soulève, je soulève et je les laisse tomber sans que les muscles bougent. Il n'y a plus aucun poids sur mes épaules, plus aucune retenue.

➢ Encore une fois je soulève les épaules jusqu'aux oreilles et je les laisse retomber calmement et je les sens basses, larges, reposées.

➢ Alors vous pouvez détendre les bras, sentez vos deux bras abandonnés sur le sol. Je me sens tout abandonné dans les deux bras et les poignets, alors sentez comme c'est bon.

➢ Allez vous nicher dans le creux des paumes des mains. Sentez les paumes de vos mains tout abandonnées, tout accueil. Entrez dans ce sentir de l'abandon et de l'accueil au niveau des paumes des mains, alors les doigts se détendent, je ne retiens plus rien, mes mains sont grandes ouvertes. Rien ne m'appartient et personne ne m'appartient et je peux le ressentir dans cette ouverture de mes mains.

➢ Venez vous poser maintenant sur la nuque, à nouveau pour la détendre, le menton regarde le sternum et *par la puissance de la pensée*, malaxez la peau de votre nuque. Soulevez, malaxez et vous sentez la peau de votre nuque chaude et souple et les vertèbres cervicales se détendent.

➢ Et maintenant sentez votre tête toute abandonnée dans le sol et par la puissance de la pensée, soulevez un peu le cuir chevelu jusqu'à la racine des cheveux. Détendez la tête, sentez comme cela fait du bien, je sens ma tête chaude et détendue, elle est toute vivante.

➢ À nouveau, entrez dans la conscience du sourire des yeux, le front s'étire jusque dans les tempes, voilà, les yeux sourient.

➢ Descendez le long de votre nuque et vous sentez vos mains toute ouvertes, toute détendues.

➢ Allez habiter vos joues, et par la puissance de la pensée caressez vos joues, vous sentez la peau qui se détend et allez ainsi jusque dans vos oreilles qui deviennent toute écoute, toute détente. La détente est dans l'écoute et l'écoute vraie est dans la détente.

➢ Et maintenant rentrez dans votre bouche, la langue repose toute détendue contre le palais, pointée contre les incisives du haut.

➢ Sentez cette détente dans la langue, la langue est toute plate, toute détendue.

➢ Sentez les lèvres qui sourient. Les lèvres peuvent sourire en vérité parce que les yeux sourient.

➢ Lâchez bien le menton, aucune volonté dans le menton, laissez-le sourire.

➢ Et vous passez lentement sous le menton, sentez bien votre peau, caressez-la, le menton se détend davantage. Laissez glisser la caresse sur la gorge, la peau vibre, la peau parle. Je sens ma gorge qui se détend dans le contact de la caresse. Si vous avez du mal vous pouvez imaginer le contact de vos mains.

> (N.B. Il est possible de poursuivre la relaxation en parcourant à nouveau le corps de l'extérieur, dans la douceur, comme le mouvement d'une caresse).

Pour sortir de la relaxation vous serez très prudent.

> Sortir de la relaxation ne veut pas dire arrêter la détente et pour cela il faut en sortir prudemment.

> On va reprendre du tonus. D'abord, vous bougez vos orteils, vous entrez dans la rotation des chevilles dans le sens des aiguilles d'une montre puis en sens inverse. Sentez la souplesse de vos chevilles.

> Puis c'est le tour des mains, bougez bien vos doigts puis faites des rotations des poignets dans les deux sens.

> Tout en gardant les yeux fermés, baillez, la bouche grande ouverte, laissez-vous aller dans la détente.

> Maintenant, clignez des yeux plusieurs fois puis ouvrez les yeux, *prêt à découvrir comme un petit enfant le monde quotidien avec un regard neuf.*

> Attention lors de l'étirement, si on fait n'importe quoi on peut avoir une sciatique ou une lombalgie.

> Repoussez d'abord le mur en face avec les talons et la pointe des pieds. Vous étirez vos bras derrière la tête en rentrant le menton et vous lâchez.

> Puis vous vous redressez tout doucement.

> Très calmement vous allez vous dégager de la couverture, en essayant de rester dans cette atmosphère de détente.

> Si vous voulez prendre maintenant un temps de méditation, vous prenez la posture de la façon habituelle.

Notes

1. Relaxation proposée à partir d'extraits d'exercices provenant de séances animées par Rachel Goettmann, dans le cadre des sessions d'initiation à la prière données au Centre Béthanie, avec son aimable autorisation. Le lecteur peut enregistrer ce texte, lentement, avec des pauses, pour son usage personnel.

2. Si vous avez des problèmes de lombaires, mettez un petit coussin sous le pli des genoux.

Table des matières

Mise en page par Édimicro
29, rue Descartes – 75005 PARIS
Tél. : 01 43 25 35 77 & 36 77 – Télécopie : 01 43 25 37 65
e-mail : edimicro.dafal@wanadoo.fr

Achevé d'imprimer par Normandie Roto Impression s.a.
61250 Lonrai
N° de fab. : 5524 – N° d'éditeur : 5433 – N° d'imprimeur : 012597
Dépôt légal : octobre 2001
Imprimé en France